投资者情绪与资产定价

李潇潇 著

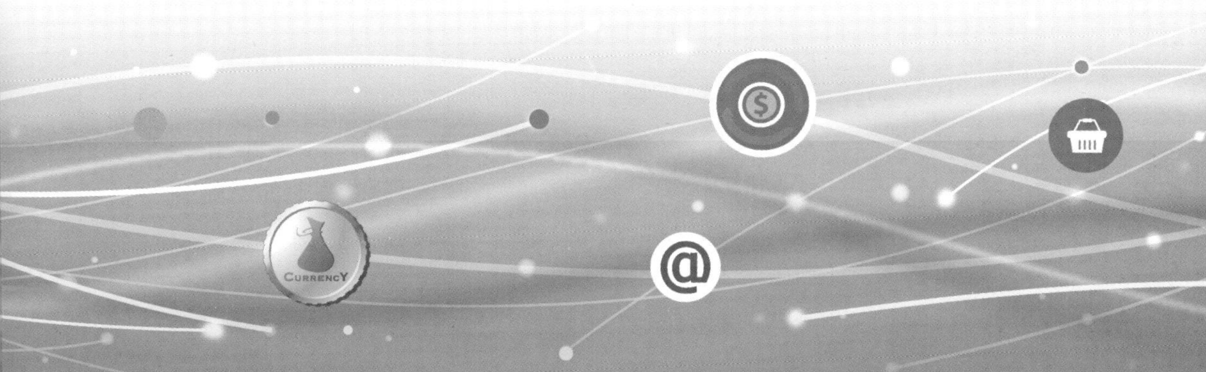

中国社会科学出版社

图书在版编目（CIP）数据

投资者情绪与资产定价/李潇潇著.—北京：中国社会科学出版社，2018.2
ISBN 978-7-5203-2056-6

Ⅰ.①投… Ⅱ.①李… Ⅲ.①投资分析 Ⅳ.①F830.593

中国版本图书馆CIP数据核字（2018）第027443号

出 版 人 赵剑英
责任编辑 周晓慧
责任校对 无 介
责任印制 戴 宽

出 版 中国社会科学出版社
社 址 北京鼓楼西大街甲158号
邮 编 100720
网 址 http://www.csspw.cn
发 行 部 010-84083685
门 市 部 010-84029450
经 销 新华书店及其他书店

印 刷 北京明恒达印务有限公司
装 订 廊坊市广阳区广增装订厂
版 次 2018年2月第1版
印 次 2018年2月第1次印刷

开 本 710×1000 1/16
印 张 12.25
插 页 2
字 数 188千字
定 价 56.00元

目　录

前　言

资产定价理论在金融学中一直处于核心地位。传统的资产定价理论是建立在完美市场和投资者为完全理性假设之下的，然而，股票溢价之谜和无风险利率之谜等金融异象表明以 CAPM 理论体系为代表的传统资产定价模型存在严重的缺陷，使学者们对有效市场假说（EMH）产生质疑。行为金融在更为现实的基础上，从投资者心理和行为上解释金融市场中的异常现象并建立了有代表性的行为模型。行为资产定价模型的分析虽然更加贴近现实，但建模时必须考虑到投资者产生错误的心理基础。人类活动的复杂性和多样性及不确定性，使得建模相当困难，几个有代表性的模型也多是从市场中的异象出发，分别对证券市场的过度反应、反应不足、短期的动量和长期的反转效应做出了较为合理的解释。本书在行为金融的研究框架下，主要从投资者情绪的角度出发研究投资者情绪对资产价格的影响，建立了基于投资者情绪的资本资产定价模型，然后基于 A－B 股的价格差异实证检验投资者情绪对资产价格的影响。

主要研究成果和创新性结论如下：

1. 实证研究表明，投资者情绪是资产定价的重要因素，利用投资者情绪可以解释一些金融异象。因此，本书首先沿用 DHS 模型的研究框架，建立了基于投资者情绪的资产均衡价格模型，得到投资者情绪与资产价格之间的理论关系；其次分析了投资者情绪对资产价格的影响，并利用该模型解释金融市场中的过度反应和过度波动等异常现象。

2. 通过考虑投资者在不同时期的情绪变化建立了受投资结果影响的情绪资产定价模型，模型分析表明：若有信息投资者在不同时期收到符号相同的信号，则投资者的市场情绪加重，表现为资产价格继续上涨或下跌；反之，资产价格保持不变。模型的意义在于能够很好地解释短期收益惯性、长期收益反转以及资产价格泡沫等现象。

3. 建立了基于情绪的认知风险度量模型及认知收益模型，模型分析表明，认知风险和认知收益呈负相关关系，与标准金融理论中风险和收益的正相关关系相反，但与含有过度自信的认知风险和认知收益负相关的结论一致。

4. 当前能够反映投资者情绪的指标有很多，例如封闭式基金折价、IPO 的数量、月新开户数、基金的净流入量、成交量等。本书主要利用封闭式基金的平均折价 CEFD、IPO 的数量（NIPO）、IPO 的首日收益率（RIPO）、A 股月新开户数（S）、A 股指数成交量（TURN）这五个情绪指标，采用第一主成分法构造了一个能刻画整体市场情绪的总情绪指数，实证检验了小市值型股票的溢价和投资者情绪存在着显著的负相关关系，即当投资者的情绪越高涨，A 股的溢价就越小。为了让情绪代表不含基本面因素，笔者构造了消除宏观因素影响的投资者总情绪指数，实证发现，小市值型股票溢价更易受投资者情绪的影响，而大市值型股票溢价更多与非情绪因素有关。

实证还表明，在 B 股开放前投资者情绪与溢价之间存在正相关关系，开放后的结论则相反，这进一步说明了 A 股溢价不仅受情绪的影响，还与市场制度（开放前或开放后）、公司特征（小市值或大市值）等非情绪因素有关。

5. 通过对不同证券市场的研究发现，许多成熟的证券市场存在过度自信行为，而在中国市场上投资者过度自信的倾向更为明显。因此，本书首先以过度自信作为一种具体情绪的代表建立了基于投资者过度自信的 A－B 股价格均衡模型，模型分析表明，当投资者过度自信程度越严重，A，B 股的价格就越高，但是，A 股的价格要比 B 股的价格提升得更大，表现为 A－B 股的溢价越严重。然后，通过构造度量投资者过度自信程度的指标，实证检验了国内有信息投资者的过度自信程度与 A－B 股溢价存在正相关的理论关系，并且实证结果表明，投资者过度自信对溢价的影响不仅与整个市场情绪有关也与公司的特征有关。

6. 最后建立了基于投资者过度自信的资产均衡价格模型。模型结果表明，当投资者过度自信程度越严重，股票的价格越高，收益率就越大。实证检验得出国内有信息投资者的过度自信与股票收益率之间具有相关性，并且实证结果同样发现，投资者的过度自信对股票收益率的影响也与整个市场情绪和公司特征有关。

李潇潇

2017 年 9 月

第一章　绪论

本章首先介绍研究的背景和意义，然后介绍研究内容、研究方法及创新之处，并从整体上给出本书的研究结构。

第一节　研究背景和意义

一　研究背景

有效市场假定（EMH）的影响力令人瞩目，它和据此发展起来的现代资产组合理论、资本资产定价模型、套利定价理论、期权定价理论等一起构成了现代传统金融理论的核心内容。EMH 理论是建立在三个假设基础上的。

首先，投资者是理性的。理性意味着当接收到新的信息时，投资者会按照贝叶斯法则正确地修正其信念（Belief），投资者按照 Savage 的主观期望效用（subjective expected utility）做出决策。但当投资者是理性的时候，每种证券的基本价值（fundamental value）就是证券未来现金流经风险调整后的净现值，当消息到达时，投资者会迅速根据消息对基本价值的影响而调整价格，因此证券的价值和价格遵循随机游走规律。

其次，在某种程度上某些投资者并非理性的，但由于他们之间的证券交易是随机进行的，当这种类型的投资者大量存在且他们的交易策略相互独立时，他们之间的非理性会相互抵消，证券价格不受影响。

最后，在某些情况下非理性投资者会犯同样的错误，但是他们在市场上会遇到理性的套利者，后者会消除前者对价格的影响。缺乏理性的投资者总在亏钱（Lose money），这些人的财产会一天天减少，最终会从市场上消失。即使套利者不能及时消除这些人对证券价格的影响，市场力量也会减少他们的财富拥有量，从长远来看，因为竞争和套利的存在，市场的有效性会一直持续下去。

如果市场是有效的，那么任何可用于预测股票表现的信息都已经反映到股价中，股价只会对新信息做出反应，而新信息必然是不可测的，股价应遵循“随机游走”模型。有效市场体现了给定假设条件下逻辑推导的产物，存在许多理论和实证问题：首先，假设条件与现实状况往往有很大的出入，导致理论和现实的偏离；其次，它不能积极引导人们的行为，它要求人们什么也别做，只能采取“被动的投资策略”；最后，也是最致命的，现实市场上存在许多与有效市场相悖的异常现象。

（一）孪生股票价格之谜

按照市场有效假说，对于本身价值相同的股票，由于套利机制的作用，它们在市场上的价格应该相同。但现实市场上出现的英荷壳牌股票价格之谜却与此相悖。英荷壳牌是由英国壳牌与荷兰皇家两家公司合并而成的，但它们在各自的国家仍然保持独立的公司建制，两者的合股比例为6:4，如果市场是有效的，那么一股荷兰皇家的股票价格应该等于1.5倍英国壳牌股票的价格，但现实情况却是，1980—1995年，荷兰皇家的股票价格与英国壳牌相比从低估35%到高估15%，这说明市场的套利是有限的，有效市场的假定失灵了。

（二）封闭式基金折价之谜

与开放式基金相比，封闭式基金最大的特点是发行的基金份额是固定的，而且这种基金份额可以在基金市场上自由转让交易。从理论上讲，每份基金的价格应该等于基金的净资产价值，如同开放式基金的赎回价格一样，但美国的封闭式基金在绝大多数情况下却是以低于净资产值来交易的，这就是所谓的封闭式基金折价之谜。对这一现象的成因有几种解释，如代理成本理论、资产流动性理论及资本所得税理论等，其中引人注目的是投资者情绪理论，他们认为，基金的折价反映了投资者的情绪，基金的购买者多为中小投资者，他们从心理上对基金的看重远不如对基金所持证券组合的看重，最终导致了基金的折价转让。Waldman（1990）构造了DSSW模型，解释了即使投资者并不悲观，基金仍会折价销售的原因。Charles（1991）则在DSSW模型的基础上论证了投资者心理对其买卖基金的影响较大，当他们看好后市时，需求的力量就大些，反之，卖出的力量就大些。

封闭式基金折价现象在中国也存在。在2000年以后，无论早期上市的还是后期上市的封闭式基金价格都表现出大幅度的贴水现象，尽管期间也曾出现小幅度的反弹，但基金整体的折价幅度呈现出增大的趋势。在2004年之后，基金的平均折价超过20%，甚至一些大盘基金的折价超过了30%。张俊喜等（2002）对代理成本、资产流动性和基金业绩与基金折价之间的相关分析表明，经济因素对我国基金折价没有显著影响，即从传统经济学的角度并不能解释我国封闭式基金的折价现象。许承明、陈百助（2004）从经济学、投资者情绪和市场环境等不同的角度对我国的封闭式基金折价进行了实证研究，结果发现，投资者情绪是我国封闭式基金折价变动最具有解释力的因素。贝政新、戚娟娟（2004）的研究也发现，我国封闭式基金折价及波动的原因与投资者情绪的关系最为紧密，并指出，我国封闭式基金制度安排上的缺陷是投资者情绪背后的根源。

（三）超常易变性

Shiller（1981）等人对S&P类股票1871—1979年的收益率易变性（如统计方差）进行了测试，发现按与有效市场假说一致的未来收入流的贴现值标准来看，股票价格变化太厉害，即呈现出“超常易变性”。根据有效市场假说，所有的信息已经反映在证券价格里，只有新信息的出现才会使股票价格发生变化。显然，超常易变性与有效市场假说不合，它提供了短期可能的套利机会，这种机会会受到实际市场上短线操作者的重视。

（四）价格泡沫现象

泡沫现象是指资产价格在一个较长的时期内明显地对基础价值产生单向偏离，资产价格泡沫分量为市场价格与基础价值之差，并可分为市价高于基本价值的正泡沫和市价低于基本价值的负泡沫。基本价值可以说是有效市场假说的一个引申概念，其基本定义应该是资产的长期一般均衡价格。依据资产价格易变性的说法，实际市场价格偏离基本价值应该是资产市场的常态。根据有效市场假说，过去的价格信息并不能预测未来的价格变化，那么，资产的价格泡沫又从何解释呢？大致从荷兰 1836—1837 年郁金香狂热开始，作为一个显得有点神秘的现象，泡沫就一直冲击着金融领域。有些经济学家认为，泡沫现象表现了交易者的非理性特点。例如，Keynes（1936）将股票市场的投资形象地比喻成选美竞赛（Beauty contest），竞猜者并不是选择心中最美的那个而是揣度和选择评委心中认为最美的那个，从而导致竞猜者选票的集中度比较高，易形成羊群行为（herding behavior）。同样，他认为，在股票交易市场上，投资者不愿花时间去估算股票的内在价值而是愿意分析大众投资者的未来投资行为。Shiller（1984）提出了“时尚”（Fad）理论，并特别强调时尚的流行性和传染性，Lux（1995）提出了模仿传染的羊群行为模型，投资者对未来预期的形成主要依赖于其他人的行为和预期，通过模仿其他投资者的行为来选择投资策略，情绪在投资者之间传染，最终导致这种心理模仿的“羊群行为”产生随情绪而动的价格振荡现象。

（五）反转效应和动量效应

De Bondt 和 Thaler（1985，1987）把 1926—1982 年美国股市上的股票，按照前三年表现最好与最坏的公司分别分组组合，然后计算五年之后这些组合的平均收益。研究发现，前三年表现好的股票组合的平均收益低于前三年表现不好的股票组合的平均收益。就长期而言，过去一段时间里收益率较高的股票在未来获得的收益率将会低于过去收益率较低的股票。这种现象被称为股票收益的“长期反转”。随后 Jegadeesh（1990）也发现了月时间尺度上的价格反转，价格反转有时也被称为均值回复。

动量（惯性）效应是由 Jegadeesh 和 Titman（1993）提出的，是指股票的收益率有延续原来的运动方向的趋势，即过去一段时间里收益率较高的股票在未来获得的收益率仍会高于过去收益率较低的股票。Jegadeesh 和 Titman（1993）研究发现，过去 3—12 个月里赚钱的股票组合在随后的 3—12 个月里平均来说仍然高于过去亏钱的股票组合，即中期收益动量效应（惯性效应）。显然，反转和动量是不同时间尺度上的收益动态行为。De Bondt 和 Thaler（1985，1987）认为，价格反转不能用风险的高低来解释，而可能的理由是源于交易者的心理因素所导致的过度反应，Chan（1996）则认为，惯性的收益持续是因为交易者反应不足。

动量效应在股票市场上存在的历史很长，并且普遍存在于世界各地的股票市场上，甚至一些近期的研究发现，动量效应也存在于其他类型的交易市场上，因此，越来越多的学者开始探寻动量效应的成因以及它是否有违有效市场假说。一些学者从行为金融学的角度对动量效应做出了解释，Barberis，Shleiffer，Vishny（1998）认为，保守性偏差会导致投资者对新信息的反应不足，使得股价在短期内表现出惯性，但以偏概全倾向导致投资者对新信息反应过度，结果导致股价出现反转。Daniel，Hirshleifer，Subrahmanyam（1998）的解释则利用了人的过度自信和自归因偏差。Hong 和 Stein（1999）基于投资者交互作用机制对动量效应进行解释。HS 模型强调了投资者的异质性，把交易者分为信息观察者和动量交易者两类，私人信息在信息观察者之间是逐步扩散的。并且得出公司规模小、换手率低的股票具有更高的动量收益或者反转收益。

总之，以有效市场假说和理性人假设为前提的标准金融理论无法解释金融市场上的大量异常现象。行为金融理论则突破了传统的资本市场理论框架和经济学范式，注重对人的心理和行为的分析，以一种全新的视角来考虑资本市场价格的决定及其变动，行为金融理论认为，由于非理性投资者行为的不可预测性和套利的非完美性，理性套利者并不能及时纠正非理性投资者所导致的股票价格与价值之间的偏离。因此，股票的价格和收益由其基础风险和非理性投资者的错误估价共同决定，并且较圆满地解释了资本市场上的一些金融异象。行为金融理论有两大理论基础：有限套利和投资者心理分析，这两个方面缺一不可。有限套利理论和投资者心理分析理论还可以使我们对证券价格变化做出预测。但处于发展中的行为金融理论还存在许多的缺陷。

行为金融理论可应用在很多金融领域，包括资产定价、公司财务、投资管理等。其中，行为资产定价理论是行为金融学的核心，研究的角度也多种多样。一个角度是从消费资本资产定价模型（CCAPM）出发，逐步引入各种行为因素，例如财富偏好、习惯形成、损失厌恶等，从而找到更为精确的随机贴现因子（SDF）。由于金融市场的复杂性，通过引入SDF新的决定因素来改进过去的CAPM和CCAPM模型，尽管可以获得模型和经验实证上的成功，并使得行为资产定价理论更为科学，但在理论基础上还面临着许多挑战，因为SDF的刻画与跨期的相对边际效用有关，必然涉及投资者的主观评价，资产定价就必须考虑投资者的心理特征。另一个研究角度是典型的行为金融理论的运用，他们直接从投资者行为的心理基础出发，研究投资者心理对资产价格的影响。比如Daniel，Hirshleifer和Subrahmanyam（2001）利用过度自信心理建立了一个理论模型来解释证券之间截面收益的差异，认为证券的价格是由协方差风险和过度自信心理偏差风险共同决定的。这种分析虽然更加贴近现实，但必须考虑产生错误的心理基础。人类心理活动的复杂性、多样性及不确定性使得建模相当困难，而有代表性的几个模型也多是从市场上的"异象"出发，给出行为金融理论的解释。如BSV（1998），DHS（1998），HS（1999）等模型分别对证券市场上的过度反应、反应不足、短期的动量和长期的反转效应及价值效应做出了较为合理的解释。

目前国内外一些研究者对投资者的情绪与股票收益间的关系进行了实证检验，研究表明，投资者市场情绪和股票收益率之间具有相关性，并且发现股票估值受主观情绪的影响较大，很难套利的股票更易受投资者情绪的影响。中国股市作为新兴资本市场，各种制度尚不健全，过度投机是其突出的特点，这决定了中国股市比成熟的股票市场具有更强的心理特征，也为检验行为金融理论提供了很好的实证基础。并且国内研究者以中国市场作为样本，检验了情绪对市场收益的长期反向影响和对短期市场收益的正向影响，利用投资者情绪解释中国封闭式基金折价和IPOs抑价等异常现象，而中国市场上外资股相对于内资股的显著折价现象一直受到国内外研究者的广泛关注，目前的研究主要集中于以下几个理论上：信息不对称说、流动性差异说、投机泡沫说、风险差异说，这些理论都能部分地解释A－B股的溢价现象。它们主要从投资者理性的角度部分地解释A－B股溢价之谜，并没有考虑不同市场上投资者的情绪差异对A－B股溢价的影响。

基于此，在借鉴国内外相关研究的基础上，本书建立了基于投资者情绪的资产定价模型，从理论上论证投资者的情绪对资产定价的影响，解释金融市场上所存在的各类异常现象，以促进行为金融理论的发展。通过研究投资者情绪与外资股折价的关系，对理解中国股票市场的运行规律和进一步完善市场、提高其运行效率具有重要的理论和现实意义。

二 研究意义

（一）有助于完善行为金融理论的发展

行为资产定价模型是行为金融理论研究的核心内容，主要考虑把人的心理和行为纳入资产定价模型中，研究理性投资者和非理性投资者的相互影响和相互作用，从而发现非理性投资者的心理和行为对资产价格的影响。目前，大多数行为资产定价模型只是用来解释某种具体的异常现象，并没有形成一个统一的理论模型来解释金融市场上所存在的诸多异常现象。因此本书的研究将有助于填补行为金融理论的空白，丰富行为金融理论的内容，推动行为金融理论的发展。

（二）有助于解释中国外资股的折价之谜

双重上市公司的出现对传统的资产定价理论提出了挑战，双重上市公司在海外上市前都经历了价格的提升，而且面向境外投资者的股票价格一律高于国内居民所持有的股票，但在中国市场上却出现了外资股的显著折价现象，国内外研究者从不同角度研究了中国外资股的折价现象，并提出了几种有效的理论假说。本书主要考虑投资对象的情绪差异对中国市场上股票表现的影响，从而有效地引导中国证券投资者的投资行为，提高机构投资者的管理水平并为管理部门及政策制定者提供依据，确保中国股市的稳定和健康发展。

第二节 研究内容

情绪总是与投资个体的判断和决策相伴随的，关于情绪对个体判断和决策影响的研究具有十分重要的理论和现实意义。本书主要考虑投资者情绪对资产定价的影响，建立基于情绪的资产定价模型，并以中国市场作为研究对象，对本书提出的基于投资者情绪的资产定价模型的可行性和有效性进行实证研究，达到了理论和实证的统一。

本书的研究内容和解决的主要问题如下：

1. 提出了基于投资者情绪的资产定价模型，考虑了投资者情绪对资产定价的影响，但没有深究产生这种情绪的心理基础，并利用该模型解释金融市场上的过度反应和过度波动等异常现象。

2. 通过考虑投资者在不同时期的情绪变化，建立了基于投资结果的情绪资产定价模型。模型分析表明：若有信息投资者在不同时期收到符号相同的信号，则投资者的市场情绪加重，表现为资产价格继续上涨或下跌；反之，资产价格则保持不变。模型的意义在于能够很好地解释短期收益惯性、长期收益反转以及资产价格泡沫等现象，并论证了小市值股票更易受投资者的情绪影响。

3. 将投资者的情绪纳入证券投资的风险度量中，提出了两种基于行为金融的认知风险度量方法，并建立了基于投资者情绪的认知收益模型，研究了认知风险和认知收益之间的关系。研究结果表明：投资者的认知风险和认知收益都与投资者的情绪有关，并且两者呈现出负相关关系，与标准金融理论中风险和收益的正相关关系相反。

4. 为了检验投资者情绪和资产价格之间的关系，本书以中国 A，B 市场作为样本，实证检验了投资者情绪和 A－B 股溢价之间的关系，深入分析了 A－B 股溢价产生的非理性因素，并且得到了小市值股票更易受投资者情绪影响的实证结论，达到了理论和实证的统一。

5. 以过度自信作为一种具体情绪代表，通过构造度量投资者过度自信程度的指标来实证检验国内有信息投资者的过度自信和 A－B 股溢价之间的关系。实证结果表明，投资者的过度自信对溢价的影响不仅与整个市场情绪有关也与公司的特征有关。

第三节　主要创新点

1. 建立了一种基于投资者情绪的资产定价模型，利用情绪模型来解释金融市场上所存在的诸如过度反应和过度波动等一系列金融异象。

2. 建立了基于投资者情绪的认知风险和认知收益模型，分析认知风险和认知收益之间是否存在负相关关系。

3. 对中国市场上所存在的外资股显著折价现象的分析，打破了以往传统的理性解释，考虑了不同投资者的情绪差异对这种异常现象的影响。

4. 采用第一主成分法构造了一个消除宏观因素影响而且能刻画整体市场情绪的总情绪指数，利用投资者情绪部分地解释了 A－B 股溢价的原因。

5. 构造了一个度量投资者过度自信程度的指标，利用该指标检验了投资者过度自信与 A－B 股溢价的关系，可以利用该指标检验含有过度自信心理的一些金融理论。

第二章 投资者情绪研究综述

传统金融学基于两个重要假设：投资者理性和无风险套利。有效市场理论认为，投资者是理性的；即使投资者是非理性的，只要交易行为是随机的，非理性交易行为的效果就会相互抵消；即使投资者行为存在系统性的偏差，套利机制的作用也会使股票的价格回归到基础价值上。但认知心理学家和行为金融学的大量证据表明，不仅投资者是非理性的，而且非理性投资者的情绪所引起的偏差是系统性的，无法相互抵消。另外，套利机制的作用也是有限的，无法充分对冲由非理性投资者情绪所引起的偏差，从而导致"资产误定价"。下面介绍投资者情绪影响资产价格的两个基本条件——有限套利与投资者的心理偏差。

第一节 有限套利

现代经典金融学始于20世纪50年代，对其有重要贡献的原创性理论主要包括Arrow-Debreu的一般均衡理论，Markowitz的投资组合理论，关于公司财务的Modigliani-Miller理论，Sharpe等人的资本资产定价理论，Fama的有效市场理论，Black-Scholes-Merton的期权定价理论和Ross的套利定价理论等。这些理论都假定行为主体是理性经济人，所用的分析框架为一般均衡理论或无套利定价理论，金融资产中最基本的标的资产一般在均衡框架下确定其价格，金融衍生品的定价遵循无套利定价原理。由于这些理论在对金融市场的运作机理和金融资产的定价机制方面都能给予较合理的解释，它们基本上概括了现代金融学的理论基础。然而，随着金融市场的不断发展，金融学研究的手段和方法都有了长足的改进，一些来自实际金融市场的现象被发现与现代金融学理论的描述并不相符，而学者们的质疑在日益增多的金融异象面前引起了广泛的关注，其中有效市场理论更是受到了来自实践检验方面的严重挑战。

一 市场有效性理论

有效市场（EMH，Efficient Market Hypothesis）的概念，最初是由Fama（1970）提出的，Fama认为，如果在一个证券市场上，价格完全反映了所有可以获得的信息，则称这样的市场为有效市场。Jensen（1978）提出了更具有经济学意义的有效市场假说，即价格反映信息的程度应达到搜寻信息的边际收益等于边际成本。Grossman和Stiglitz（1980）则认为，严格意义上的有效市场假说不成立。Malkiel（1992）提出了一个更明确、基于信息揭示的有效市场定义，即如果市场上的证券价格完全准确地反映所有的相关信息，则称市场是有效的。同时他给出的检验市场有效性的一个途径是测量基于某一信息的交易利润，即检测交易者能否通过某一信息获得经过风险调整后的超额收益，这也是检验市场有效实证研究的理论基础。市场有效性的定义揭示了有效市场的基本特征：超常收益率不可预测和信息无效。因此，在有效市场假设下，没有投资者可以获取超过风险调整后的平均收益（Malkiel，2003）。市场的有效性不仅与投资者的利益息息相关，而且对资本资产定价和金融资源的配置具有深远的影响。因此，对有效市场假说的研究对于金融理论和金融实践都具有重要性。

近几十年来，金融市场有效性的研究方法就是把市场的有效性与市场对信息的反应结合起来，把市场有效的程度用市场价格对信息的反应速度和反应程度来衡量。Fama根据投资者可以获得的信息种类，将有效市场分成了三个层次：

1．弱有效市场（Weak-Form EMH）：当前价格反映了包含在历史记录中的价格信息，在弱有效市场上，投资者无法利用历史信息获取超额利润，所以利用移动平均线和K线图等手段分析历史价格信息的技术分析法是无效的。

2．半强有效市场（Semi-Strong-Form EMH）：当前的证券价格在反映历史记录中价格信息的同时，也反映了与证券相关的所有公开信息。例如，可从发行证券企业的年度报告、季度报告、新闻媒体等方面获得所有公开信息。在半强有效市场上，投资者不但无法利用历史信息获取超额利润，而且无法利用所有公开的信息获取超额利润，因此依靠企业的财务报表等公开信息进行的基础分析法也是无效的。

3. 强有效市场（Strong-Form EMH）：所有与证券相关的信息都在价格中完全反映了，不仅包括所有的公开信息，连内幕人信息也包括在内。在强有效市场上，投资者不但无法利用历史信息和公开信息获取超额利润，甚至也无法利用内幕信息获取超额利润，因为内幕信息会迅速泄露并立刻融入价格变化中。

在过去30年里，有效市场假说一直是传统金融理论的奠基石。有效市场假说理论认为，当前的资产价格已经反映了所有的相关信息，因此资产价格应该等于基本价值。许多模型例如资产定价模型（CAPM）、套利定价理论（APT）以及Black-Scholes期权定价模型都是从有效市场假说的理论基础上发展起来的。然而，在最近几年里金融市场上出现了许多无法用有效市场假说理论来解释的异常现象，主要包括周末效应、一月效应、微笑曲线、股权溢价之谜、IPO抑价、过度反应和反应不足等。虽然在20世纪70年代以理性预期为基础的有效市场假说得到了金融学术界和实务界的广泛认可和应用，但其理论本身并不能达到完全“自圆其说”的严密程度，心理学家对于经济人理性预期的假说提出了挑战，有效市场假说理论陷入前所未有的困境中。

Shleifer（2000）归纳总结认为，有效市场假说基于三个逐渐放松的假定之上：

1. 投资者是理性的，因此，他们可以理性地对资产进行定价。

2. 即使在某种程度上某些投资者表现出非理性，但由于他们之间的交易是随机的，这种非理性行为会相互抵消，价格不会受到影响。

3. 在某些情况下，非理性投资者会犯同样的错误，但由于理性套利者的存在会使资产价格恢复到基本价值上，非理性投资者对市场的影响会逐渐消除。

行为金融学认为，支持有效市场假设理论的三个基本假定实际上是不成立的，因而资本市场并非有效。认知心理学的理论和实证表明，投资者的信念和偏好存在系统性的偏差，会导致资产价格偏离基础价值。心理学和决策科学的大量研究也表明，人并非完全理性的，在判断和决策过程中不遵守贝叶斯理性，风险偏好不遵循传统期望效用最大化的原则。以 Tversky 和 Kahneman 为代表的心理学家通过大量的实验研究证明，人们的信念和偏好存在诸如代表性直觉、过度自信、损失厌恶等心理偏差。同样，大量证据也表明，投资者在进行交易时常常表现出风险分散不足（Insufficient diversification）、过度交易等非理性行为。因此，投资者是非理性的，并且存在系统性的非理性交易行为，支持有效市场理论的前两个假设是不现实的。有限市场理论的第三个假设也是难以成立的。以 Friedman（1953）为代表的有效市场理论的支持者认为，即使部分投资者的非理性行为会造成“资产误定价”，理性投资者也会通过套利机制迅速消除这种“误定价”。在传统金融学中，套利是一种无成本地获取无风险利润的投资策略，然而行为金融学认为，套利不仅有成本，而且有风险。即使存在“资产误定价”，由于修正误定价的套利行为存在风险和成本，理性投资者无法充分套利，导致“误定价”现象一直存在。

二　有限套利

与有效市场理论相悖，行为金融理论的核心论点是，现实中的套利不仅充满风险，而且作用有限。伴随着行为金融学的发展，许多西方学者对现实市场上投资者的有限套利行为进行了深入研究，形成了内容丰富的有限套利理论。该理论认为，市场不完善、投资者非理性、激励约束机制不健全等因素使套利者的套利行为受到限制，无法完全甚至不能纠正市场价格的偏离。

（一）套利风险

套利风险主要包括基本面风险和噪声交易者风险。

1. 基本面风险

套利者所面对的最明显的风险就是基本面风险（Fundamental - risk）。所谓基本面风险是指由于公司基本面信息发生变动而对套利者构成的风险。首先，套利者无法准确预测公司未来基本面信息的变化。例如，Dell公司股票的当前市场价是每股20元，套利者基于现有的公司信息认为，其价值应该为每股25元，此时套利者会买入Dell公司的股票，然后卖出未来现金流相似的替代资产，从而赚取无风险利润。如果在买入Dell公司的股票之后出现新的关于公司基本面的坏消息，从而导致股票价格的进一步下跌，套利者便会遭受损失。

其次，市场不能提供实施套利所需要的完全替代品。发挥套利机制作用的关键看能否找到完美的替代资产。当套利者在卖出或卖空价格被高估的证券时，为了回避风险，他必须能买进相同或相似而且价格没有被高估的替代证券。但在绝大多数情况下，大量的证券没有替代组合，所以即使套利者发现证券的价格出现偏差，套利者也无法进行无风险的对冲交易。

2. 噪声交易者风险

噪声交易者是指把噪声（与公司内部信息无关的虚假信息）当作信息进行交易的非理性投资者（Black，1986）。噪声交易者风险（Noise trader risk）是指“误定价”程度在短期内可能进一步加剧的风险。以Dell公司股票为例，即使存在完美的替代资产，在套利交易之后，投资者的情绪可能在短时期内更加悲观，从而使Dell公司股价继续下跌。噪声交易者风险可能会迫使套利者过早地清算头寸，从而给套利者带来巨大的损失。

首先，套利者会面临投资人因过分关注短期收益而收回资金的风险。套利者所用的资金并非完全是自有资金。在金融市场上，大多数套利者都是机构投资者，或者是专业的投资组合经理，他们管理的是他人的资金。作为出资人，他们不可能了解套利者的具体操作思路与过程，只能根据套利者过去的收益情况来理性地选择投资还是撤资。如果业绩不佳，套利者的资金来源就可能受到限制，甚至还会面临被撤资的危险。当市场行情不好，但可能是获利机会最好的时候，套利者的资金却受到最严格的限制，出资人看到了目前暂时的浮亏，因而拒绝进一步出资甚至反而会撤资。

其次，套利者会面临贷款人担心抵押证券价值减少而提前收回借款的风险。如果套利者发现股票的价值被低估了，他们会通过买空交易来获得利润。进行买空交易时，套利者会以买入的证券作为抵押品向贷款人借入资金，而贷款人会关注抵押证券的价格变动来评估借款人的还贷能力。如果被低估的股票价格在短期内继续下跌，贷款人会因为抵押品的价值减少而要求收回借款，从而导致套利者不得不提前清算头寸。

最后，套利者会面临卖空证券的出借者要求收回证券的风险。进行卖空交易时，套利者需要借入股价被高估的股票并以当前的市场价格卖出，当股价下跌后买回归还。但如果被卖空股票的股价在短期内继续上涨，而股票借出者又要求马上归还，套利者在找不到其他投资者可以借入该股票时，就只能提前清算头寸。

综上所述，噪声交易者风险会迫使套利者提前清算，从而给套利行为带来风险。因此，套利者在进行套利交易时会更加谨慎，使套利机制无法充分发挥作用。

（二）实施成本

实施成本（implementation cost）是制约套利机制的另一个因素。实现套利不仅要承担风险还要付出实施套利所需要的成本。成本主要分为直接成本和间接成本。直接成本的种类很多，主要包括交易佣金（commissions）、买卖价差（bid-ask spread）、交易造成的价格冲击（price impact）和交易保证金（margin）等。卖空约束（short-sale constraints）也可以看作一种直接成本。所谓卖空约束是指对卖空交易所形成的各种限制，包括对卖空的禁止和与卖空有关的各种成本。首先，对于许多退休基金经理和共同经理来说，卖空交易是不允许的。其次，卖空交易也会产生各种各样的成本。例如，为了卖空可能需要借入股票，而借入股票就要支付利息给出借人。一般来说，借入股票的费用比较低，但是有时候也会比较高，甚至可能以任何价格都借不到所需要的股票。套利交易还会产生间接的实施成本，主要包括寻找和了解“误定价”的资产、利用“误定价”需要运用资源而产生的成本。实际上，寻找“误定价”的资产并非容易。很多人认为，如果噪声交易者能够显著地影响股价，必然会以股票收益预测性的形式表现出来。但是研究表明，这种看法是错误的，Shiller（1984）和Summers（1986）发现，即使噪声交易者的需求能够引起“误定价”

的持久存在，它所引起的股票收益预测性也很低，甚至可能低到难以觉察。

（三）正反馈交易和理性投机

投资过程反映了投资者的心理过程，由于认知偏差、情绪偏差等各种偏差的存在，最终导致不同资产的定价偏差，而资产定价偏差就会反过来影响投资者对这种资产的认识与判断，这一过程就是“反馈机制”（feed-back）。利用反馈机制制定交易策略就是正反馈交易策略（positive feedback strategy）。简单地说，就是指人们在价格升高时买进，价格下跌时卖出。也就是我们通常所说的“追涨杀跌”。对于某些特定的噪声交易，理性套利者可能会采取与噪声交易者相同的交易策略，比如上述所说的正反馈交易策略，从而加剧而不是减轻“资产误定价”。当市场上存在正反馈交易者时，理性投资者可能会在股价高估时买入股票，从而引起正反馈交易者的进一步跟进买入，推动股价的继续上涨，而理性投机者此时会卖出高估的股票以获得利润。因此，正反馈交易者的存在使得理性投机者加剧而不是稳定了股价的波动。比如著名的有17世纪荷兰的郁金香热潮，18世纪的南海泡沫、密西西比泡沫、英国第一次铁路风潮以及20世纪20年代美国股市泡沫等。

（四）公司管理者的套利行为

理性投资者会利用“资产误定价”实施套利，公司管理者同样也会利用无效的市场为自己的公司谋利。如果公司管理者认为，本公司的股票价格过高，他可能会以过高的价格发行新股从而使公司现有的股东获利。相反，如果公司管理者认为本公司的股票价格过低，他可能会以较低的价格回购本公司的股票。

Graham 和 Harvey（2001）对公司 CEO 的调查表明，公司管理者把股价视为是否发行新股或者可转换债券的重要考虑因素。Lowry（2003）研究发现，IPO 发行量受投资者情绪所引起的“误定价”的显著影响。Lakonishok 和 Vermaelen（1995）以1980—1990年1239个公开市场回购为样本，发现公告后4年内回购者的平均股票收益率比类似规模和市值账面比的公司高12%，表明公司管理者对回购时间的选择是正确的。

尽管公司管理者会利用“资产误定价”来实施套利，但是套利的行为也会带来风险和成本。股票发行和回购不仅需要支付高额的发行费用，而且公司管理者需要为相关工作准备付出较多的时间和精力。再者，公司管理者可能会出现估计错误，即发行的股票不是被高估了而是被低估了，或者回购的股票不是被低估了而是被高估了，因此管理者估计错误也会带来一定的风险。正是由于风险和成本的存在，公司管理者的套利程度是有限的。

第二节　投资者的行为决策偏差：认知偏差和心理偏差

从实践经验和心理学研究角度来讲，在人们的实际决策行为中，其信念的形成并不遵从所谓贝叶斯理性，其选择偏好并不满足所谓“理性”的假设，而是存在种种“非理性”的局限。这种“非理性”是人们的一种普遍的思维和决策模式，它会对人们的决策行为和结果产生总体和长远的影响。下面主要从投资者的认知偏差和心理偏差的角度理解投资者的“非理性”，投资者的认知和心理偏差会导致投资者行为偏差，是市场非有效的重要原因。

一　投资者的认知偏差

当人们面临一个复杂的决策问题时，通常会依据自己的直觉或者常识来进行决策。在此过程中，人们不自觉地回避了一些复杂的分析、推导、判断等过程，具有较为明显的“复杂事情简单化”处理的认知倾向。其中，直觉是人们“化繁为简”的主要手段。直觉是人们认识事物的方法，是进行信息加工的规则或策略。人们在认识事物时，通常先采用尝试错误的方法，在此基础上逐渐形成一些普遍规则，这些经验规则被称为直觉。Aronson 研究得出，人们在四种情况下最有可能进行直接判断：第一，当没有太多的时间认真思考问题时；第二，当无法对所掌握的信息进行充分的加工分析时；第三，当认为没必要对当前的问题进行过多思考时；第四，当不具备充分的知识或信息对问题做出决策时。直觉会帮助人们迅速找到解决问题的方案，但不一定是最优的，还有可能会出现一些严重的系统性偏差。

（一）代表性直觉

Kahneman 和 Tversky（1982）认为，人们在不确定的情况下，会关注一个事物与另一个事物的相似性，以推断两个事物的类似之处。人们假定将来的模式会与过去相似，并寻求熟悉的模式来做判断，不考虑这种模式所产生的原因或重复的概率。认知心理学将这种推理过程称为代表性直觉，它是指人们倾向于根据样本是否代表（或类似）总体来判断其出现的概率。在多数情况下，代表性经验法则是一种有益的启发法，但由于这种方式会使人忽视判断一个事件的客观概率所需要的独立性、先验概率以及样本规模大小等前提条件，从而出现决策失误，它对人们决策的影响有以下几个方面。

1. 忽略先验概率

在强调个体理性的贝叶斯法则中，人们会结合先验概率做出合理的决策。按照贝叶斯法则，设有 n 个独立事件 $A_i(i=1,2,\cdots,n)$，每一个事件 A_i 发生都会伴随着事件 B 的出现，条件概率为 $P(B|A_i)$，按照贝叶斯法则，$P(A_i|B)$ 发生的概率为：

$$P(A_i \mid B) = \frac{P(A_i) \cdot P(B \mid A_i)}{\sum_{k=1}^{n} P(A_k) P(B \mid A_k)} \qquad i = 1,2,\cdots,n$$

但在实际中，当人们在不确定条件下对事物进行判断时，如果面对的是没有价值的信息（噪音），那么，影响人们做出正确判断的先验概率很容易被忽略，不能很好地将先验概率与具体的信息结合起来，从而产生“先验忽略”的偏差；当人们面对的是有用信息时，就倾向于正确使用有价值的先验概率，从而得出较为准确的决策。

Kahneman 和 Tversky（1982）做过一个实验，实验中受试者获得下面的信息，某城市中有两家出租车公司 A 和 B，其中 A 公司的出租车颜色以蓝色为主，且该城市出租车的 85% 为 A 公司的；公司 B 出租车的颜色以绿色为主，15% 的出租车为 B 公司的。下面判断，当有辆出租车在晚上撞人逃逸，肇事车辆更可能是 A 公司还是 B 公司的出租车？有目击证人指出，肇事出租车颜色是绿色的，法庭对证人进行辨认出租车颜色能力测试时，认为证人能正确辨认出车辆颜色的概率是80%，有20%的概率会将颜色混淆。在此情况下，大多数人认为，证人证词的可信概率达80%。但实际上，在此次实验中85%的出租车是蓝色的先验概率被多数人忽略了，而是过度重视了证人证言这一特定的信息，没有将先验概率与证人证言的信息相结合，得出的结论可能存在偏差。

2. 对样本规模不敏感

在统计学中，“大数法则”是用来衡量统计结果准确性的一个重要法则，它的思想是从总体中抽取的样本容量越大，该抽样的均值与总体的均值就越接近。但是在实际中，人们一般不会注重样本规模大小对结果可能导致的差异性，他们认为，从总体中抽取的随机样本具有很高的相似性，与总体之间的接近程度比实际的统计抽样理论所预测得要高，即人们错误地认为，随机抽样的小样本与大样本都具有对于总体同样程度的代表性。而根据概率统计理论，大样本比小样本的方差更小，更能稳定地代表总体。这种小样本也可以很好地反映总体的观点被称为“小数法则”。例如，人们可能认为，能够连续推荐四只表现良好的股票的证券分析师是优秀分析师。另外，忽略样本规模还会导致“能手”现象，即当一个运动员在比赛中射入多个球时，球迷们就会根据小样本现象认为他处在巅峰期，显然，这种认知是有偏差的。

3. 对偶然性的误解

人们认为，总体的本质特征在由随机过程所产生的偶然性事件中存在着必然性，即随机过程中所产生的偶然性事件迟早会体现出总体的本质特征。例如，抛一枚质地均匀的硬币六次，H代表正面，T代表反面，那么HTHTHT和HHHTTT这两种结果哪一个出现的可能性更大呢？Kahneman和Tversky做过类似的实验，大多数被试者认为，前一种结果出现的可能性更大，理由是前一种结果更能体现投掷硬币的公平、随机的性质，而后者看上去不那么代表随机性。而实际上，这两种结果出现的可能性一样，都是$(\frac{1}{2})^6=\frac{1}{64}$。这也是一种“小数法则”的体现，即人们认为小样本一定会代表总体的特征，或者说，小样本偏离总体特征的概率较小，如果小样本偏离了总体的特征，后续的事件也会进一步纠正小样本的局部特征，这也可以被称为

"局部代表性"（Local-representativeness）。局部代表性信念所产生的另一个结果是著名的"赌徒谬误"（Gambler's Fallacy），即人们会受到当前经历的影响而对那些具有确定性概率的事件给予错误的判断。例如，已知一个人连续抛一枚硬币六次，并且每次的结果都是正面，那么很多人就会认为第七次得到反面的可能性更大，而实际上，只要硬币是均匀的，不管之前的结果如何，接下来每次出现正面或反面的概率都是一样的。

4. 忽略可靠性证据，过分依赖主观信息

有时人们并非从多方面、多角度获得的信息来对事物进行判断，而是倾向于根据自己掌握和理解的信息（主观信息）做出判断，对自己不熟悉、看不懂或认为可以忽略但可能是关键的信息予以疏忽。在进行证券分析时，投资者面对一组关于上市公司未来利润描述的信息时，经常会因为某公司对未来发展规划和利润预测方面有好的描述，而得出该公司未来高利润并值得投资的推断；反之，则认为该公司未来可能具有较差的盈利能力，而得出不值得投资的结论。显然，他们忽略了证据的可靠性和预测的精确度，过分依赖主观信息，导致预测结果的偏差。

5. 有效性幻觉

当人们面临着多种可供选择的结果时，往往会选择从自认为最具有代表性的输入变量的结果来进行预测。如果输入变量与预测结果的吻合程度高，很可能会提高对预测的信心，这时候人们基本上倾向于较少考虑或不考虑那些限制预测准确性的因素。在输入信息与预测结果具有良好吻合性的基础上所形成的没有根据的自信预测，被称为"有效性幻觉"。如果输入变量内部具有较强的趋同性，或者输入变量间相关性增加，则人们对于预测的信心会继续增加，从而导致更强烈的"有效性幻觉"的产生。

6. 均值回归的误解

均值回归是一个常见的统计现象。它指的是变量的变动有向长期均值回归的趋势。常见的均值模型为：

$$X_{t+1} = \bar{X} + \rho(\bar{X} - X_t) + \varepsilon_t, 0 < \rho < 1, \varepsilon_t \sim N(\mu, \sigma^2)$$

模型表明，t+1 时期变量的预测值为变量的均值与 t 时期变量偏离均值的函数之和再加上随机误差项，模型反映了变量回归均值的趋势。

在实际预测中，人们对输入信息的加工往往是线性的，因为线性的方式更简单直接，不需要考虑太多的因素。但在预测过程中，经常会忽视输入信息以外的但有可能影响预测结果的因素，而这些因素会使得发展趋势存在回归倾向。如果短期预测结果与某种输入信息过度关联，则可能会导致对回归均值的误解，得出错误解释，忽略均值回归的本质特征。

（二）可得性直觉

Kahneman 和 Tversky（1974）的研究认为，人们通常会根据一些容易想起来的事例来判断某个事件发生的频次或可能性。在通常情况下，这种直觉确实能够发挥作用。在所有条件都相同的前提下，普通的事件要比不寻常的事件更容易被记住或者想象出来。决策者利用“可得性”来直接估计事件发生的频率和可能性，在一般情况下能够将困难的决策内容简化。但是在某些特定情况下，这样的直觉可能会失效并导致系统性偏差。有些事件相对于其他事件更容易想到，并不是因为这样的事件更经常发生或者发生的可能性更大，而只是因为这些事件的信息更容易被提取。可能因为这样的事件刚刚发生，也可能掺杂了较多的情绪因素。比如在美国，被鲨鱼咬死或被飞机上掉下来的零件砸死，这两种情况哪个更容易发生？绝大多数人认为，发生被鲨鱼咬死事件的可能性更大。因为人们对影视作品中鲨鱼咬死人的血淋淋的场面有更深刻的印象，社会上也更多地关注鲨鱼咬死人的案例。但实际上，在美国飞机上掉下来的零件所导致的死亡人数是被鲨鱼咬死人数的 30 倍。因此“可得性”可能是一个误导人们进行频率判断的因素。还有人们头脑中的想象也可能会增加个体对其发生可能性的判断。Carroll（1978）对可得性直觉进行了研究，研究假设：如果一个容易被想象的事件能够被判断为更可能发生的事件，那么对一个事件的刻意想象就可以增加其可得性，从而使其看起来更可能发生。他的实验内容是在 1976 年美国总统大选的前一天，让两组参试人员分别想象福特获胜和卡特获胜，想象的内容力求逼真。实验的结果表明，想象对人们最后的判断会产生显著影响，想象卡特（福特）获胜的参试者会更多地预期卡特（福特）取得最终胜利。根据 Carroll

假设，对给定结果的想象可以使结果更容易提取，同时也增加了参与者对其发生可能性的估计。但研究认为，对自身不利的负面事件，个体会产生强烈的排斥感，他们的想象否认不好的结果会发生在自己身上，如最亲近的朋友和家人发生不幸等情境。另外，与可得性相近的一个概念是生动性。生动性通常是指事件具体和易于想象的程度。Nisbett 和 Ross（1980）的研究表明，决策者更容易被生动、易记的信息而不是枯燥、抽象的统计数据所影响。即一个事物被呈现的越鲜活，人们就越容易记住，并且在事后回想的时候，也更容易被提取。他们通过实验证明，信息的生动性可以影响陪审团的最后决策。

（三）锚定与调整

在很多情况下，人们在估计时常从某一个初始值或者说“锚”开始，而初始值的选择可能会受问题表达方式的影响，通过对初始值的上下调整可以得到最终的估计值。由于心理形成机制的影响，调整可能是不充分的，不同的初始值会产生不同的偏向初值的最终估计值，从而产生了“锚定效应”（anchoring effect）。Kahneman 和 Tversky（1974）进行了幸运轮试验，接受试验的人需要根据幸运轮上的数字对非洲国家的数量在整个联合国中所占的比例做出估计，结果是幸运轮指针指在数字 65 上的被测试组的平均估计值为 45%，幸运轮指针指在数字 10 上的被测试组的平均估计值为 25%。虽然非洲国家的数量在联合国国家总数中所占的比例与幸运轮上指针所指示的数字没有关系，但被试者的选择却明显地表明他们的判断受到了幸运轮指针数字的影响。锚定效应在金融市场上也是普遍存在的，例如，在判断股票的价格水平时，最可能的“锚定数字”是离现在最近的价格，过去的股价可能成为股价发展势头逆转的原因之一。对单只股票而言，价格的变化会受到其他股票价格变化的锚定，市盈率也会受到其他公司市盈率的锚定。

二　投资者的心理偏差

（一）过度自信

“过度自信”（overconfidence）实质上是一种认知偏差，过度自信的人们表现为容易高估自身的能力，被认为是取得成功的关键，从而低估和淡化天时、地利、人和等客观因素，更加相信自己对事物的判断能力，对成功的概率估计过高。例如，如果向厨师提出这样一个问题：你认为自己是个好厨师吗？相对于饭店内的其他厨师，你的烹饪水平是在平均水平之上还是在平均水平之下？对该问题做出的回答中，多数人认为自己的技术高于平均水平，但实际上只有一半的人有这个能力，所以大部分人对他们的烹饪水平是过度自信了。

过度自信作为一种心理偏差是投资者典型而普遍存在的心理因素。投资者的过度自信往往表现为对自身交易水平的盲目乐观，过于相信自己的交易经验和能力。Odean（1998）发现，美国个体投资者往往在认为自己持有股票的报酬率已经达到最高，继续持有并不能带来更高的收益率时自信地选择获利了结。在决策过程中，流动性需求、投资资本税负、投资组合调整、资金风险控制等并非投资者考虑的主要因素。而股价后续的走势证明，投资者卖出的股票收益率会进一步上升，而未被卖出的股票收益率反而会进一步走低。Odean（1999）发现，很多个体投资者在卖出股票后并不停止交易，而是继续选择买入其他股票，但从后续的投资结果来看，投资者卖出的股票往往比刚买进的股票收益率更高。

当股票市场整体上处于上升趋势（牛市）时，投资者往往更容易产生过度自信，更多的人将盈利归结于自身的精明。在网络投资热潮红极一时时，投资者的过度自信表现得更加明显。投资者的自信心在取得连续的投资盈利后开始膨胀，“自信”逐渐转变为“骄傲”并开始主导投资者的投资行为。Thaler 和 Johnson（1990）发现并定义了“赌场资金效应”现象。投资者之前不太能够接受的赌博，在获得盈利之后开始能够接受；以前可以接受的赌博，在遭到损失之后变得无法接受。赌博者在获得收益的同时会倾向于不断提高赌注，因此，在较长时间的牛市中，投资者的收益不断提高，赌注不断加码，引起严重的赌场资金效应。从投资者过度自信的角度看，投资者在取得盈利后过度自信的认知偏差会在以后的投资决策中表现得更明显；如果投资者以前的投资是盈利的，那么以后的损失对投资者所造成的心理冲击和痛苦要轻得多，投资者会认为输掉的赌本本来就不属于自己，不会影响自己的财务状况，已获得的收益所带来的愉悦感会冲淡损失所带来的痛苦；投资者在实现盈利后，风险偏好的情绪也开始助长，投资者将更多的资金投入更大规模的投资活动中。但是在遭受一次亏损之后，投资者的过度自信会很快消失，多次决策的失误所带来的额外损失使得投资者变得保守，由于市场持续下跌所导致的亏损也在增加，从而导致投资者信心受挫。例如，通常在年初的时候，股票市场和封闭基金会暂时结束长期的跌势而有所反弹，主要因为投资者认为，新的一年会有很多机会去赌博，即使暂时失败了，也有充足的机会再次扳回来，而随着一年中时间的推移，这种自信会越来越低。投资者过度自信的主要表现方式有两种：一是对事件可能性出现高估或低估，比如认为大概率的事件可能没有发生，而认为小概率的事件却在实际中发生了；二是置信区间在数量估计上设置过窄，例如，只有50%的真实数量包含在95%的置信区间内。在投资过程中，投资者的过度自信直接或间接地影响了投资者的信息处理和决策。过分重视和依赖自己所掌握的信息而忽视其他财务数据信息是投资者过度自信的直接表现；过分重视增强自信心的有利信息，而忽视降低自信心的不利信息，有意识地过滤信息是投资者过度自信的间接表现。例如，投资者为了不伤害自己的投资信心，对已经发生亏损的股票依然不进行止损处理，目的是不愿意承认自己的投资失败，使自己的投资信心继续维持。

（二）前景理论

对于阿莱悖论的探讨引发了对替代期望效用理论的研究，从而产生了前景理论。Kahneman 和 Tversky（1979）提出了前景理论的核心思想，即人们一般是从收益和损失的角度来考虑如何做出决策，而不是从总财富（总效用）最大化的角度去决策。人们更关注自身财富的动态变化而非最终价值。Kahneman 和 Tversky 把这种行为模式归因于人类的两种缺点：一是情绪破坏了理性决策应该具有的自我控制能力；二是人们对自己所遇到的问题存在认知困难，即无法完全理解问题的本质。概言之，在经济行为中，人的理性往往是有限的。前景理论有三个基本原理：第一，处于收益状态时，大多数人喜欢规避风险；第二，处于损失状态时，大多数人愿意承受风险；第三，大多数人对损失比对收益更敏感。

根据这三个原理，Kahneman 和 Tversky 提出了“价值函数”（value function）与“决策权重”（decision weight）模型对前景理论进行了具体的描述。与预期效用理论（描述理性行为）相比，前景理论（描述真实行为）在许多重要方面都存在差异，主要有下面三种。

1. 决策者面对收益或损失时，具有不同的风险偏好

期望效用理论假设决策者（无论是风险规避者、风险中立者还是风险追求者）在任何情形下的风险偏好都是不变的。前景理论假设在不同决策环境下，投资者对风险偏好发生了逆转，在模型中表现为用价值函数替代期望效用理论中的效用函数。

Kahneman 和 Tversky（1979）做了这样一个实验：

问题 1：假设你现在拥有 1000 美元，但必须在方案 A 和方案 B 中做出选择：

方案 A：50% 的概率赢得 1000 美元。

方案 B：赢得 500 美元。

在该实验中，70 名回答问题的人中，84% 的人选择了确定的盈利（方案 B）。

问题 2：假设你现在拥有 2000 美元，但你必须在方案 C 和方案 D 中做出选择：

方案 C：50% 的概率输掉 1000 美元。

方案 D：输掉 500 美元。

在问题 2 的实验中，决策者的偏好出现了偏转，70% 的人选择了有风险的损失（方案 C）。经过一系列的实验结果后，Kahneman 和 Tversky 提出了前景理论中的“反射效应”，即个体在收益和损失情况下对风险的偏好是不同的，当人们面临条件相当的“获得前景”时更加倾向于实现风险规避，而面临条件相当的“损失前景”时更加倾向于风险趋向。“反射效应”是非理性的，表现在股市上就是投资者喜欢将赔钱的股票继续持有下去。统计数据证实，投资者持有亏损股票的时间远长于持有获利股票。投资者长期持有的股票多数是不愿意“割肉”而留下的“套牢”股票。

2. 相对财富的总价值，更关心财富相对于“参照点”财富量的相对变化

财富或福利相对于参考点的偏离程度才是价值的载体，而不是财

富的最终价值。人们在选择时关注的是差异，对其他部分并不会过多地考虑。先前的经验会对人们的判断产生影响，根据过去或当前的经验背景设定一个参考点，而人们对收益和损失的感觉与评价依赖于给定的参考点，并且决策行为会随着参考点的变化而变化。

"禀赋效应"是指人们利用参考点来进行评价决策。Thaler（1980）认为，"禀赋效应"是指当一件物品成为个人财产时，它的价值便增加了。比如，当人们对自己所拥有的物品（如电脑、衣物、汽车、手表）定价时，他们所定出的价格一般比愿意花钱购买同样产品的价格更高（Kahneman，Knetsch & Thaler，1990）。Thaler（1980）认为之所以会出现"禀赋效应"是因为人们对失去一件东西感到的痛苦远远大于得到同一件东西所感到的快乐，人们厌恶失去自己现有的禀赋。因此个体在拥有某件物品以后，通常对它的评价也会提高。

3. 决策权重函数（Decision Weighting Function）（过分关注小概率事件）

期望效用理论假定50%的客观获胜概率对于决策者来说就是50%的获胜概率，而前景理论则认为，偏好是"决策权重"的一个函数，但权重并不总是与实际概率相对应。具体来说，在前景理论的假定中，决策权重常常会强调小概率事件而忽略一般或者高概率事件。

Kahneman 和 Tversky（1979）利用下面两个问题来说明人们具有强调小概率事件的倾向。

问题1：在方案A和方案B中进行选择。

方案A：1‰的概率赢得5000美元。

方案B：100%的概率获得5美元。

在72名被试者中，近75%的人选择了有风险的方案A。这与购买彩票有点相似。

问题2：在方案C和方案D中进行选择。

方案C：1‰的概率损失5000美元。

方案D：100%的概率损失5美元。

在72名被试者中，超过80%的人选择了确定的损失方案D。Kahneman 和 Tversky 认为，人们一般都很在意大金额的损失，所以才会出现以上的情况。保险公司正是利用了人们的这种倾向。总的来说，决策权重一般有三个方面的特点：一是对小概率的评价较高（评价值高于概率值），对大概率的评价一般较低（评价值低于概率值）；二是各个互补概率事件决策权重之和小于确定性事件的决策权重；三是逼近确定性事件的边界，属于概率评价中的突变范围，决策权重常常被忽视或放大。

（三）后悔理论

Kahneman 和 Tversky（1979）做了一个研究：Paul 拥有 A 公司的股票，他本来打算转向投资于 B 公司，但没有这么做，结果发现，如果持有 B 公司的股票本来可以多赚 1200 美元。George 持有 B 公司的股票，后来转向投资于 A 公司，结果发现，如果他继续持有 B 公司的股票本来可以多赚 1200 美元。谁会更后悔？研究结果发现，92%的被试者认为 George 会更后悔，因为人们更容易从 George 的角度考虑问题，从而产生“自作自受”的痛苦感受。Kahneman 和 Miller（1986）认为，通常人们会比较容易想象自己应该避免采取某个已经发生的行为，而较难想象去做某件实际没有发生的事情。Kahneman 和 Tversky 将这样的现象称为“作为效应”，即决策者的决策产生了相同的不好结果时，那么“作为”（action）所引起的后悔要大于“不作为”（inaction）所引起的后悔（Kahneman & Tversky，1982）。

研究发现，人们在进行决策时遵循“最大后悔最小化的原则”。根据这个原则，人们在决策之前首先对各个备选项可能产生的最大后悔程度进行评估，从中选择后悔程度最小的一个作为决策方案。心理学家 Janis 和 Mann（1977）研究了特定情绪反应对决策可能产生的影响，认为人们对后悔的预期可以使其产生更加“理性”的选择，即人们对后悔的预期可以使其在进行决策之前进行更加理性的思考。Thaler（1980）最先提出了后悔厌恶理论，认为当人们发现自己的决策是错误的时候，会对自己的行为感到痛苦。Kahneman 和 Tversky（1982）对后悔厌恶理论进行了进一步的发展，逐渐形成了系统的理论。Bell（1983）将后悔的可能性作为一个变量引入了决策理论。后悔理论和期望效用理论都认为，一个备选项的期望效用是对相应结果所伴随的痛苦和愉悦程度进行计算的结果，但是，后悔理论在计算一个备选项的效用时还需考虑将所选择的方案与所放弃的方案进行比较，判断是否会产生一定的后悔。当发现放弃的备选项所产生的结果要优于自己的选择时，就可能产生后悔；当发现自己的选择优于放弃备选项所产生的结果时，就可能产生愉悦的心情。Kahneman 和 Tversky（1982）指出后悔理论的三个核心定理：

定理 1：人们在自愿情况下采取行动所引起的后悔要比被胁迫情况下采取行动所引起的后悔严重。

定理 2：由自身错误行动引起的后悔比没有实际行动产生的后悔更严重。

定理 3：人们在对行动的最终结果需要承担责任情况下的后悔情绪比无需承担责任情况下的后悔情绪更严重。

当人们倾向于规避后悔的情况时，后悔的经历被认为是不愉快的，因此尽量采取“后悔最小化”的策略。许多研究发现，“后悔最小化”的选择与规避风险的选择较为相似。在研究确定的事情与赌博选择时，赌博可能给决策者带来后悔的风险，而确定的事情可以使决策者避免后悔。决策者如果意识到赌博存在后悔的可能性，就会更加倾向于选择确定的事情以规避风险。人们对规避风险与规避后悔做出了相同的决策，但在实际生活中，也可能存在着选择较高风险作为“后悔最小化”选项的情形。如有两个选项：一个风险高，一个风险低。决策者对高风险选项的最后结果能够掌握，而对于低风险选项的最后结果只能在选择后才知道。在此情况下，如果选择低风险，决策者就可能知道高风险选项的最后结果要好于低风险的结果，就有可能感到后悔，从而后悔的预期会使决策者倾向于冒险。

（四）心理账户

Thaler（1980，1985）引入了心理账户的概念，即人们“根据金钱的来源、保存方法与花费方法来处理与区分金钱种类的一种心理状态”。心理账户是指一系列认知操作（cognitive operations），与公司财务和管理账户有相似之处。Thaler（1985）认为，小到个体、家庭，大到企业集团，都有或明确或潜在的心理账户系统。在做经济决策时，这种心理账户系统常常遵循一种与经济学的运算规律相矛盾的潜在心理运算规则，其心理记账方式与经济学和数学的运算方式不同。

因此经常以非预期的方式影响着决策，使个体的决策违背最简单的理性经济法则。Thaler（1999）发现，人们倾向于把金钱或有价值的项目进行分类，并且这种分类缺乏合理的逻辑依据。人们通常将赌场赢来的资金、购买股票获得的收益、从天而降的遗产以及政府返还的所得税等看作未付出努力的意外收获，因此要比工资、奖金等常规收入更轻率或随意地花费掉。心理账户具有不可替代性，即不同来源、不同支出以及不同存储方式的心理账户之间是不可替代的。Shefrin 和 Thaler（1988）认为，人们倾向于将个人收入根据来源分成三类：薪资收入、资产收入和未来收入，并发现这种收入类别的划分导致对收入的使用有不同的倾向，这种行为违背了金钱的可替代性原则。心理账户理论认为，一个心理账户的资金不能完全替代另一个心理账户中的资金。

在实际决策中，人们对选择的得失进行评价时可以通过三种类型的心理账户进行。第一种是“最小账户”（minimal account），人们仅仅考虑各个方案间的差异来进行选择；第二种是“局部账户”（topical account），人们在决策时要将可选方案结果与某个特定的参考水平相比较，参考水平由决策背景来决定；第三种是“综合账户”（comprehensive account），对可选的方案是从更广泛的因素进行评价的。在经济金融领域，心理账户在投资者中较为普遍地存在着，对投资者的决策也起着非常重要的影响。利用心理账户可以对弗里德曼—萨维奇困惑、股市之谜、一月效应等金融异象做出较为合理的解释。心理账户在销售领域也有较好地运用，可以运用其中的原则来指导产品设计和产品种类的选择，了解消费者对于价格区间、捆绑销售、赠品等销售策略的反应，特别是在涉及价格方面的作用更加明显。

（五）处置效应

处置效应是由 Shefrin 和 Statman（1985）根据前景理论和心理账户提出的，并将投资者趋于过长时间地持有正在损失的股票，而过快地卖掉正在盈利的股票的行为定义为“处置效应”（disposition effect）。他们认为，“处置效应”是投资者后悔厌恶的一种非理性行为。投资者会担心没有及时锁定盈利而导致股票盈利减少或由盈转亏，以及避免过早兑现的损失，并担心错失股票由亏转盈或亏损减少的机会，即投资者担心现在的决策可能会导致后悔。例如，某投资人在一个月前以 50 元价格买进某股票，现在该股票的价格为 40 元，假设未来该股票的价格有两种可能：上涨 10 元或者下跌 10 元，此时投资人是决定卖出还是继续持有该股票？Shefrin 和 Statman（1985）认为，投资人会将此决策编成以下两个赌局：第一，卖出该股票，马上实现 10 元的损失。第二，继续持有该股票，未来有 50% 的可能再损失 10 元，另外有 50% 的可能将目前下跌的部分扳平。Shefrin 和 Statman（1985）认为，投资者会倾向于继续保留处于亏损状态的股票，而不是将股票马上止损，实现账面上的损失，因为投资者心里仍然希望将来股价回升，从而弥补损失甚至转亏为赢。Lakonishok 和 Smidt（1986）使用历史股票数据计算参考点，发现盈利股票比损失股票趋向于具有更高的异常交易量，并尝试从信息论的角度解释“处置效应”产生的原因。投资者总是尽量搜集对自己所购买或持有股票的相关信息，因此一般都认为自己已经掌握了足以做出决策的信息量。当股票价格上升时，投资者认为自己所掌握的有利信息已经被市场所“消化”，可以及时获利了结；当股票价格下跌时，投资者认为市场存在信息不对称，自己所掌握的有利信息未被市场知晓，未来价格可能有所回调，所以应该继续持有已经下跌的股票。

当投资者面对账面亏损时，如果他面对的是损失的确定性和未来股价波动的不确定性，那么投资者更可能倾向于继续持有已出现亏损的股票，表现出一种风险偏好的行为特征，主要是尽量避免过早兑现的损失，担心错失由亏转盈或亏损减少的机会而引起的后悔情绪。但投资者面对账面盈利状况时，如果他面临的是盈利的确定性和未来股价波动的不确定性，投资者更倾向于马上兑现盈利的股票，表现出一种风险规避的行为特征，主要是尽量避免没有及时锁定盈利而导致盈利减少或由盈转亏而引起的后悔情绪。心理学教授 Schwartz（1994）说：“正是这种心理导致了人们长时间地持有亏损的股票，而不是盈利的股票。一般认为，一笔糟糕的投资在卖掉之前不能算是损失。”但是，实际上投资者并没有足够的证据表明，目前盈利的股票价格未来不会进一步上涨，也没有足够的证据表明，当前亏损的股票价格未来不会继续下跌，因此投资者的这种投资策略可以看作非理性。那么，决定应该卖出上涨的股票还是下跌的股票时，对于目前处于盈利状态的股票可能由于投资者未能掌握更多有利的信息而选择获利了结。在后悔厌恶理论中，投资者继续持有亏损的股票是为了避免在日后股价回升时产生强烈的后悔情绪，其实只是在延期面对自己的投资决策失败，不愿意把账面损失转化为实际损失。同样，投资者坚持卖出盈利的股票也是为了避免在股价日后跌落时所产生的后悔情绪。

Barber 和 Odean（1999），Goldberg 和 Von Nitzsch（2004）[①] 基于前景理论来解释处置效应，主要是考虑参考点的选择和处理。他们认为，投资者在做出卖出股票或者继续持有股票的决策时，投资者购买股票的初始价格或者投资者的心理价格将是主要的价格参考点。例如，当投资者在做出购买股票的决策时一定是将他预期承担的风险与预期产生的收益进行了比较，只有在后者高于前者的情况下投资者才会做出购买股票的决定；当股票价格进一步上升时，投资者取得账面盈利，此时投资者偏向于风险规避，如果投资者预期股票的收益可能会减少，他则会考虑卖出股票；当股票价格进一步下跌时，投资者产生账面亏损，此时投资者可能为风险偏好。Barber 和 Odean（1999）研究了投资者同时持有股价上升和股价下跌两类股票的“处置效应”行为。在流动性需求下，投资者必须选择卖出两类股票中的一种时，首先会考虑目前所掌握的信息，当前上涨的股票对于盈利是具有确定性的，因此可能对上涨中的股票获利了结。Barber 和 Odean（1999）认为，股票的初始购买价格或成本价会被投资者选做参考点，同时根据相关信息所预测出的股价的未来趋势也将对投资者参考点的选择产生影响。

心理学研究成果表明，在实际决策时，行为人对信息的处理可能并不满足贝叶斯理性，在他们做出比较和选择时，其偏好也可能不满足期望效用理论的要求。行为金融学依据这些心理学的研究成果，从信念形成和偏好构造两方面突破了经典金融学关于理性经济人假设的局限，建立起自己的理论模型，对诸多经典金融学的“异象”提出新的解释。认知偏差和过度自信是心理学关于行为人信念形成的研

---

① ［美］詹姆斯·蒙蒂尔：《行为金融》，赵英军译，中国人民大学出版社 2007 年版。

究。人们在实际认知或信念形成过程中并不一定遵循所谓的“贝叶斯理性”。而代表性直接、可得性直觉、锚定与调整、归因偏差以及过度自信等与贝叶斯理性有较大的差异，人们在实际认知中却经常遵从。前景理论、后悔理论、心理账户和处置效应反映出行为人在对决策方案进行选择时，构成其偏好基础的不是简单的期望效用函数。人们在实际偏好中，往往会对损失和收益以及损失和收益所带来的效用，做出不同于期望效用理论的判断。

第三节　投资者情绪定义及度量

行为金融学的研究基础是心理学理论，尤其是认知心理学的研究成果。认知心理学研究发现，人们的认知和偏好并非完全理性的，而是存在着系统性的心理偏差。行为金融学理论指出，投资者情绪会影响人们的判断和决策，尤其是影响人的投资决策行为，从而系统性地影响了股票价格行为。

一　投资者情绪的心理行为实验研究

Keynes（1936）最早强调了心理预期在投资决策中的作用。他基于心理预期提出了股市选美竞赛理论和空中楼阁理论，强调心理预期在投资决策中的重要性，认为心理因素是决定投资者行为的主要因素。Burrell（1951）[①] 提出构造实验来检验理论的思路，开拓了一个将量化的投资模型与人的行为特征相结合的思路。Bauman（1967）呼吁关注投资者非理性的心理，Slovic（1972）强调人类判断的心理学研究对投资决策的意义。这些研究成果为行为金融学的发展，特别是金融实验研究的发展奠定了基础。

在心理学研究方面，很多心理学家研究了情绪对判断和选择的影响。大量的心理学文献发现，人们当前的情绪会影响对未来事件的判断（Arkes，Herren & Isen，1988；Bower，1981、1991；Wright & Bower，1992 等），研究结果表明：具有乐观情绪的人会做出乐观的

---

① 现代意义上行为金融学的最早研究者。

判断和选择，而具有悲观情绪的人更倾向于做出悲观的判断和选择。

Edwards（1968）对投资者保守主义进行了分析，研究发现，当出现有关决策的新信息时，投资者可能不会按照理性的贝叶斯方式调整先验信息。如果把新信息作为基础概率，那么人们会给予新信息太少的权重。Kahneman 和 Tversky（1974）所做的一项实验表明，当决策者面临不确定决策时，实际决策准则与贝叶斯理性决策准则有着较大的区别。将新信息和把信息结合起来的理性过程应用了贝叶斯准则。当一组概率被赋予一种不确定的事件结果，而后又出现一些新的证据时，贝叶斯理性提供了一种算法，以修正先验概率来考虑新的证据。理论结果表明，所提供的新证据的结果越多就越可靠，它对新计算的概率的影响也越大。在 Kahneman 和 Tversky（1974）所做的实验中，主体的估计和新证据的可靠性无关，而且看上去完全不像受到先验概率的影响。随后，Kahneman 和 Tversky（1979）提出了展望理论，它成为行为金融学中的一套重要理论。

Wright（1992）和 Bagozzi，Gopinath，Nyer（1999）研究发现，在情绪好时，人们会对很多事情给予积极乐观的评价，如对生活满意度、过去的事件、人和消费品等。情绪存在着一致效应，在情绪坏时，人们往往会感知消息的负面性。Isen（1978，2000）和 Schwarz，Bless（1991）发现，在情绪好时，人们更易于采用简单的启发式来辅助决策，在信息处理中较少采用批评的模式，而在坏情绪刺激下，人们会采取更加详细的分析活动，而且人们存在较普遍的错误归因效应，常把他们的情感归因于错误来源，导致出现不正确的判断。Forgas（1995）指出，人是依靠情绪进行决策的，他认为，决策的特征如风险和不确定性，是情绪在决策中能否发挥作用的决定性因素，状况的复杂性和不确定性越大，情绪在决策中的作用也就越大。

De Bondt（1993）通过金融实验研究了投资者情绪对资产价格的影响。De Bondt（1993）给出六幅已有的股票走势图，直接实验调查了投资者通过观察股价走势图对未来股票价格的预期，发现当股票价格上涨时，一半的投资者会产生较高的情绪，从而预期下一阶段股票的价格会更高，即投资者情绪会对资产价格产生较大的同向影响。Hsee（1998）通过心理实验发现，情绪是影响资产价格的一个重要因素。实验中他给参与人员展示了两杯冰激凌，一杯容器较小且冰激凌量也稍少，一杯容器较大且冰激凌量也稍多，结果发现，人们普遍对较大杯子的冰激凌带有悲观情绪，而对较小杯子的冰激凌具有乐观情绪，从而愿意为较小杯子的冰激凌付出更高的价格，即情绪会影响投资者对实物资产价格的判断。上述实验结果表明，无论是金融资产价格还是实物资产价格都会受到投资者情绪的影响。

Frijda（1998）和 Lowenstein（2001）等通过大量心理学研究发现，情绪与人类判断和行为存在着联系，投资者的投资决策受投资者情绪波动的影响，尤其在涉及风险和不确定性时。Simon（1955）、Conlisk（1996）及 Lowenstein（2000）等人发现，做决策时投资者的情绪波动会影响投资者对股票价值的评估，使决策行为偏离传统金融学的最优决策模型，倾向于做出满意决策而非最优决策。然而，投资者决策受情绪的影响并不足以说明情绪能够影响证券价格，在市场力量（如套利）下价格可能并不受影响。Mehra 和 Sah（2002）对情绪如何决定股票价格进行了研究，发现情绪是偏好的影响因素，偏好参数微小的随机波动将导致股票价格的显著波动。他们提出了在套利市场上，情绪影响股价的三个条件：其一，投资者情绪波动是系统性的；其二，投资者的风险评价（如风险厌恶和贴现因子等参数）会随情绪的波动而波动；其三，投资者并未意识到其决策是由情绪波动引起的。Shiller（2000）通过市场问卷调查，研究发现，投资者在牛市和熊市的期望收益有很大的区别，他认为，随着市场行情的变化，投资者的心理和情绪等非理性特征会受到一定的影响，并进一步表现为投资者对认知期望收益的不同。Welch（2000）研究表明，乐观时期的投资者预测会导致高的股票回报预期，反之，悲观时期的预测会导致低的预期。

另外，近些年来，有众多研究表明，投资者情绪表现为对一定特征的公司及其股票有偏好，如名称听起来更顺口的公司、名称更具爱国性的公司、名称更具流行性的公司、更受青睐的公司及其他具有能够激发投资者积极情绪名称的公司、能够激发投资者积极情绪产品的公司及其他影响投资者情绪的动机。Cooper，Dimitrov，Rau（2001）发现，将名字改为 dot. com 的公司在公布日的 10 天左右获得了正

74%的异常收益——即使业务没有发生什么变化，名称对情绪的影响有时也会退化甚至反转，如 Cooper，Khorana，Osobov，Patel，Rau（2005）发现，在 21 世纪初的萧条年代，有着 dot. com 名字的公司获得的是负面感情，在那段时期里，公司将名称由 dot. com 改为惯用名可以获得正的异常收益。Hong 和 Kacperczyk（2009）发现，与烟草、酒精、游戏有关的股票相对于其他公司的股票有着更高的收益。相似地，Statman 和 Glushkov（2009）发现，与烟草、酒精、游戏、火器、军售以及核工业有关的公司股票相对于其他公司股票而言，有着更高的收益。Bae 和 Wang（2012）研究了在美国上市的不同中国公司股票收益之间的区别，发现名称中带有“中国”字样的股票具有超额收益，而这与公司特征、风险及流动性并无关系，说明乐观的投资者情绪推动了这类股票价格的上涨。

通过金融实验研究发现，投资者情绪对于金融资产的风险和收益度量具有重要的影响。投资者对收益与风险的关系判断与传统金融的结论不同。传统的金融理论认为，金融资产具有高收益、高风险特点，而金融实验的结果却恰恰相反，Ganzach（2000）通过对投资者的心理实验发现，投资者的判断往往表现为高收益、低风险，即主观收益与认知风险往往呈现出负相关关系。由于 Ganzach（2000）的实验样本数量太少，这个结论受到了许多研究者的质疑。类似于 Ganzach（2000）和 Statman，Fisher，Anginer（2008）所做的大样本调查实验，他们在调查实验中得出的结论也同样支持认知收益与认知风险负相关这一判断。Shefrin（2001）通过金融实验也检验了认知预期风险与收益间的关系，同样得出认知风险与认知期望收益为负相关的结论。Kempf，Merkle，Niessen（2014）通过调查投资者的行为，实验证明了当投资者情绪高涨时，将导致高的预期收益和低的预期风险，而当投资者情绪低迷时将导致低的预期收益和高的预期风险。上述研究者普遍认为，正是投资者的情绪导致了上述实验结果。

Kaufmann，Vosburg（1997）曾指出，人们的心理在解决问题的过程中扮演了重要的角色。人们的心理、情绪会影响他们对未来事件的判断。金融市场上存在众多的不确定性，投资者情绪在其中的作用就更为明显。一系列的金融实验表明，投资者情绪会影响金融资产的价格、投资者预期收益、风险度量，进一步会影响投资者的投资决策。因此，通过设计合理的金融实验，具体研究投资者情绪在金融市场上的作用和影响机理具有非常重要的意义。根据心理学家对情绪的研究结果，我们认为，投资者情绪对金融市场有着重要的影响。

综上所述，已有的金融实验结果表明，投资者情绪在金融市场上有着重要的影响作用。但已有的金融实验还不够细致，为进一步深入研究投资者情绪的影响作用，还需要设计一些更为详细而具体的实验来研究投资者情绪对金融市场的影响。例如，分别在股市的牛市、熊市设计金融实验以研究不同市场状况下投资者情绪对市场的影响作用和差异；分别针对机构投资者和个人投资者设计金融实验，以研究机构投资者情绪和个人投资者情绪的不同影响作用和影响差异。

二　投资者情绪的定义

与行为金融学无标准定义相仿，关于投资者情绪（investor sentiment）尚无标准定义，国内外学者为了研究的需要，从不同角度给出了投资者情绪的定义。Shleifer（2000）认为，为了做出准确的预测，人们经常需要详细地描述行为模型中交易者的非理性形式，即人们如何错误地应用贝叶斯法则或违背主观预期效用理论，这个确定交易者如何形成信念和价值的过程被称为投资者情绪。此定义需要以行为经济学家在认知心理学上所取得的以期望理论为代表的行为理论成果为基础来描述。Brown（2004）认为，直观上，情绪代表了市场参与者与一个标准相关的预期：这个预期就是看涨（看跌）的投资者期望收益会高（低）于平均，无论平均是什么。Baker（2004）把情绪定义为投机的倾向，或者更一般地说，投资者情绪是投资者对总体股票市场所表现出的乐观或悲观态度。在此定义下，情绪驱动投机性投资的相对需求，进而导致股票收益的截面效应，即使套利力量在股票市场上是相同的。Baker 和 Wurgler（2006）进一步指出，投资者情绪是一种无法被事实证实的关于未来现金流和投资风险的信念。Tetlock（2007）在探讨投资者情绪对股票市场定价的影响时认为，投资者情绪可看作噪声交易者的信念水平，而这种信念不是基于贝叶斯法则形成的。例如，当噪声交易者对于未来股价的预期低于理性套利者的预期时，认为投资者情绪是悲观的；反之，当噪声交易者对于未来股票的预期高于理性套利者的预期时，认为投资者情绪是乐观的。

三 投资者情绪指数

迄今为止，投资者情绪在中国证券市场上还是一个模糊而无法捉摸的概念。人们能感觉到它的存在，却无法确切地表达出它到底是什么，现在的投资者情绪有多高，本次投资者情绪增加与上次投资者情绪增加有没有区别，何种政策对投资者情绪增加有效等。同时，投资者情绪又是一个十分综合、复杂而又有弹性的概念，不同的人对情绪有不同的理解，即使同一个人，在不同的市场背景下，同样使用情绪一词也可能有不同的含义。为了明确投资者情绪的含义，需要构建投资者情绪指数，使用一组具体指标来量化投资者对市场各方面的评价和期望，使情绪具有可比性、可操作性，使市场上不同的人形成对情绪内涵的共识。

证券市场上多层次的完整信息体系不仅应包括交易信息和上市公司信息，还应该包括投资者的信息。目前，证券市场上已有的各种指数都是从金融产品价格衍生出来的，并没有直接反映投资者的信息。投资者情绪指数的构建和研究将填补这一空白，构成市场信息体系的一个新的重要组成部分，成为证券市场发展历史上真实而宝贵的第一手数据。

另外，构建投资者情绪指数可帮助投资者更好地把握市场的心理走向，为决策者提供一个新的参考依据。由于情绪、信心和期望的改变提前于投资行为的改变，理论上投资者情绪指数是股价指数的先行指标，在一定程度上可预示证券市场的未来走势，可作为判断市场变化的重要依据，起到一定的预警作用。投资者情绪指数也为监管层提供了一个新的视角，为管理层调控和规范市场提供了理论依据。

根据情绪指数的来源可将其分为两类：一是通过直接调查投资者的情绪，包括问卷调查、多空调查等得到的直接指数；二是通过获取客观数据并进行整理后，得到的反映投资者心理变化的间接指数。

（一）衡量投资者主观情绪的直接指数

1. 投资者智能指数（investors intelligence）

投资者智能指数（以下简称 II 指数）是指一个对超过 130 家报纸

股评者情绪的调查。每周各种报纸的股评在被阅读后分为看涨、看跌和看平三种，这种分类虽然有一定的主观色彩，但参与分类的只有少数几个人，所以不会出现由于阅读的人不同而对股评理解不同的情况，实证分析也不会造成误差。1964 年编制了投资者情绪周指数，1965 年开始提供月数据，并推荐其读者将这种指数当作反向预测来使用。当该指数过高时，投资者则被推荐应该卖出股票，反之亦然。由于股评家大都是现任或已退休的市场专业人士，该指数被认为是机构投资者情绪的代表。II 指数被定义为看涨百分比数与看跌百分比数之差。

Solt 和 Statman（1988）以及 Clarke 和 Statman（1998）通过对 1964 年以来 II 指数的周数据进行分析，指出它与道琼斯工业指数（DJIA）和 S&P500 指数在 4 周、26 周或者 52 周都不存在统计上显著的关系。Fisher 和 Statman（2000）将其作为衡量中等规模投资者的情绪指标，同时发现，该指标虽然与下月份的 S&P500 指数的收益率呈负相关，但不存在统计上的显著性。Brown 和 Cliff（2004）也用该指数作为情绪指标，通过检验指出，投资者情绪可以影响资产定价，并且构造了一个资产定价模型，说明定价错误与投资者情绪正相关，而且在未来 1—3 年的收益与情绪呈负相关。Wang，Keswani 和 Taylor（2006）以投资者情绪、市场回报与市场波动之间的关系为研究对象，发现股市收益与收益波动性能引起投资者情绪的变化，但反之则不成立，并且发现投资者情绪对未来股市收益的预测能力有限。

2. 美国个体投资者协会指数

美国个体投资者协会（American Association of Individual Investors）指数是由美国个体投资者协会（以下简称“AAII”）自 1987 年 7 月以来通过对其会员的情绪调查得来的。每周 AAII 发出调查问卷，并于星期四记录当周收回，平均每周收回的调查样本数量为 137 份。调查的内容是要求参与者对未来六个月的股市进行预测：看涨、看跌或者看平。平均而言，36% 的被调查者选择看涨；28% 的选择看跌；36% 的选择看平。由于调查主要针对个人，该指标一般被用来衡量个体投资者情绪。

Fisher 和 Statman（2000）通过把该调查结果中持牛市观点人数的

百分比作为情绪指数，通过回归检验，指出该指数是一个预测S&P500未来收益率的有效反向指数，在统计上可以通过检验。当情绪指数每上升1%时，下月的S&P500收益率平均将降低0.1%。

对“II指标”和AAII指数而言，我们均是通过整理看涨、看跌、看平的百分比人数得出的。但是，通过对持这三种情绪的投资者进行不同组合，可以得到不同的结构指数，那么结构的不同会不会导致实证结果的差异呢？Brown和Cliff（2005）首先用看涨看跌人数百分比的差（bull-bear spread）构造出情绪指标，随后又构造出以下四种指数：第一，看涨人数/（看涨人数+看跌人数）。第二，把看平人数作为第二个变量和看涨看跌人数百分比的差结合在一起。构造这个指数的原因在于：如果全部投资者都看平，或者看涨看跌的投资者各占50%，在这两种情况下看涨看跌人数百分比的差虽然相等，但投资者情绪结构显然不一样。第三，把看平人数/（看涨人数+看跌人数）与看涨看跌人数百分比的差结合在一起。第四，把看涨看跌人数百分比的差按正负值分为两部分。实证显示，情绪指标的构造结构不同不会对分析结果产生影响。

3. 消费者信心指数

消费者信心指数是先行经济预测指标之一，用来预测家庭消费支出。美国主要有两个机构编制消费者信心指数：一个是密歇根大学消费者信心指数（MCCI），另一个是会议委员会消费者信心指数（CB-CCI），这两个指数都衡量公众对于目前和未来经济的信心程度。整体消费者信心指数的编制是综合消费者预期和目前状况这两部分得到的。

密歇根大学消费者信心指数（MCCI）是密歇根大学调查中心为了研究消费需求对经济周期的影响而编制的。研究人员利用对500—600名成年人的原始调查数据，计算出经过季节调整后的消费者信心、现况指数（包括财务状况和购买状况）与预期指数（包括未来一年和五年的预期财务状况和经济状况）。将被调查人对问题的回答分别归类于“肯定”或“否定”并计数，继而用其平均数计算出消费者信心指数值。出于指数计算的需要，研究人员设定1966年第一季度的结果为100。消费者信心指数由消费者满意指数和消费者预期指数构成。消费者满意指数是指消费者对当前经济生活的评价，消费者预期指数是指消费者对未来经济生活发生变化的预期。长期以来，该数据为把握消费者态度的变化提供了一个有价值的指引，进而可以较好地预测消费行为。另外，与其他同类用途的数据相比，该数据波动性更小，表现得更为稳定。与经济咨商会的消费者信心指数相比，密歇根大学消费者信心指数与消费者支出之间的相关性更为密切。

会议委员会消费者信心指数（CBCCI）是从对5000个美国家庭的抽样调查中得出的，是反映消费者信心强弱的最准确指标。消费者信心指数表明，当经济能确保带来更多的工作机会、更高的工资和较低的利率时，消费者的信心和购买力就会增加。受访者回答的问题包括收入状况，对当前市场的看法以及增加收入的可能性。美国会议委员会在每个月的最后一个星期二，东部时间早上10:00公布当月数据。信心指数是美联储决定利率的重要依据之一。由于个人消费开支占美国经济总量的2/3，信心指数对市场的影响很大。此数据对于美国的经济和国际现货黄金走势能起到一定的预判和影响作用，经常作为投资参考。

密歇根大学消费者信心指数更侧重于个体的财务状况；而会议委员会消费者信心指数更侧重于宏观经济状况。Bram 和 Ludvigson（1998）研究了消费者信心指数对未来家庭支出的影响及原因。研究发现，密歇根大学消费者信心指数无法有效地预测未来家庭支出水平，而会议委员会消费者信心指数包含了关于未来消费水平的信息，因此可以较好地预测消费。Fisher 和 Statman（2000）发现，消费者信心指数可以预测一些股票收益，尤其可以预测小公司的股票收益，是投资者情绪指数的较好代表。他们发现，CBCCI 的预期部分与小公司股票收益之间存在显著的负相关关系，所以消费者信心指数可以作为股票收益预测的反向指标。但是消费者信心指数（无论是 MCCI 还是 CBCCI）与 S&P500 指数之间并不存在显著的相关关系，所以消费者信心指数并不能作为预测 S&P500 的反向指标。Fisher 和 Statman（2005）通过研究密歇根大学消费者信心指数、会议委员会消费者信心指数与代表投资者情绪的 II 指数和 AAII 指数，发现当投资者情绪高涨时，消费者信心指数更高；当股票收益较低时，消费者信心指数下降，但消费者信心指数下降并没有引起股票收益的显著下跌。Qiu 和 Welch（2006）通过检验指出，消费者信心指数作为度量投资者情绪的指标比封闭式基金折价率（CEFD）更具有优势。它可以解释小市值股票的超额收益、IPO 有关行为等。Lemmon 和 Portniaguina（2006）的研究发现，作为投资者乐观程度指标的密歇根消费者信心指数与股票误定价变化显著相关。在控制风险因素后，该指数可以预测小公司股票或机构投资者持股比例低的股票收益，与噪声交易者情绪模型预测一致。

4. 华尔街分析家情绪指数

这种情绪指标数据来自美林（Merrill Lynch）①，美林自 1985 年 9 月以来一直收集来自华尔街卖方分析家的数据。美林以这些分析家投资的股票在其所推荐的投资组合中所占的比例为依据，衡量投资者情绪。每月大约收集 15—20 位分析家的情绪指标。虽然该指数不是由特定产品的数据得到的，但由于它是基于对投资组合的分析，我们也把它划分到这一类中。Berstein 和 Pradhuman（1994）发现，华尔街分析家的情绪是很有效的反向指标。Fisher 和 Statman（2000）通过实证也发现，这种情绪指标确实可以对 S&P500 未来的收益进行反向预测。他们通过回归分析得出，华尔街分析家的情绪和 S&P500 未来收益呈负相关，并在统计上显著。平均而言，情绪水平每上升 1 %，则 S&P500 收益在下月将下降 0. 24 %。Fisher 和 Statman（2000）还检验了这种情绪与小市值股票收益率的关系，发现虽然它们也呈现负相关，但统计上并不显著。

5. 股票市场信心指数

在著名行为金融学家 Shiller 的带领下，耶鲁大学在 1984 年开始了关于投资者行为的问卷调查。从 1989 年开始，Shiller 和日本大阪大学的 Yoshiro、日本证券研究所的 Fumiko 合作，定期对日本和美国的投资者态度进行问卷调查，然后基于这些调查数据编制了股票市场信心指数。Shiller 等人利用该指数部分地解释了日本 1989—1993 年证券市场损失了 63. 2% 的原因。

① 世界著名的证券零售商和投资银行之一。

6. 友好指数

友好指数是哈达迪（HADADY）公司的产品。该公司统计全国主要报刊、基金公司及投资机构等每周的买进卖出建议，然后通过打分评估它们的乐观程度。分数从-3到3。-3表示极度悲观，0表示中立，3表示极度乐观。然后根据报刊的销量对分数进行加权得出情绪指数。指数由零开始到100%，0代表所有人都绝对看空；100%代表所有人都看涨，情绪高涨。该指数每周一在美国证券交易所闭市后公布。Solt和Statman（1988）以1963—1985年的数据为样本，利用友好指数作为情绪指标检验S&P500报酬率，发现该指标对未来S&P500收益的预测能力并不显著。而Sander，Irwin和Leuthold（1997）发现，在期货市场上友好指数具有预测能力。

以上几种情绪指数是国外学者在研究中应用得比较广泛的。国内研究学者也通过构建相似的指数进行了实证研究。

1. “央视看盘”BSI指数

中央电视台网站上的“央视看盘”栏目，从2001年开始对证券公司和咨询机构进行调查，这些机构将它们对后市的预测分为看涨、看跌或者看平。“央视看盘”的预测可以分为基于天和基于周两种。基于天的预测根据机构在每日开盘发布的对当日股市看涨、看跌及看平预测得到；基于周的预测则根据机构在每周一开盘前发布的对本周股票看涨、看跌及看平的预测得到。

饶育蕾、刘达锋（2003）根据“央视看盘”的预测数据构造了BSI（Bullish Sentiment Index）指数。BSI的定义为看涨投资者人数除以看涨与看跌投资者总数。通过对上证综合指数和上证30指数在第1周、第2周和第4周的数据进行回归得出：基于周预测的BSI水平与这两种指数在不同时期均不具有回归关系。同时根据《中国证券报》“券商看市”和“咨询机构看市”栏目中券商和证券机构对市场的看法分为看涨、看跌和看平三种，同样构建BSI指标，称为“中证报机构看市”，实证发现“央视看盘”BSI和“中证报机构看市”BSI与未来收益率之间并不存在显著的关系，投资者无法基于BSI信息来预测股市走势。

王美今、孙建军（2004）同样根据“央视看盘”BSI指数指出：

沪深两市中投资者情绪变化不仅能显著影响收益，而且显著地反向修正收益波动，并通过风险奖励影响收益，这表明沪深两市具有较为相同的投资者行为和风险收益特征，投资者情绪是一个影响收益的系统性因子。

2. 好淡指数

与美国的友好指数相似，《股市动态分析》杂志社每周五对被访者关于未来股市涨跌的看法进行调查，周六在《股市动态分析》中公布好淡指数，这一做法从未间断，数据完整。它将好淡指数分为短期指数和中期指数，短期指数反映了被访者对未来一周的多空意见；中期指数反映了被访者对未来一个月的多空意见。被访对象由 50 人组成，涉及不同区域与各类人员，以证券从业人员为主，因此也被认为是机构投资者情绪的代表。

程昆、刘仁和（2005）构造了情绪指标 S_t = 看涨人数/（看涨人数 + 看跌人数），分析表明，投资者中期情绪指数对股市收益率波动的影响要远强于投资者短期情绪指数的影响，而且中期情绪指数是股市收益率的格兰杰原因；投资者中期情绪指数基本上不受股市收益率与短期指数的影响；投资者短期情绪指数明显地受到市场收益率波动的冲击，市场收益率是短期情绪指数的格兰杰原因，而中期情绪指数对短期情绪影响很小。

3. 中国消费者信心指数

中国消费者信心指数来自国家统计局发布的《中国经济景气月报》，国家统计局中国经济景气监测中心于 1997 年 12 月建立了中国消费者信心调查制度，并自 1998 年 8 月开始每月定期发布消费者信心指数。中国消费者信心指数（CCI）由预期指数（CEI）和满意指数（CSI）组成。其中，预期指数反映消费者对家庭经济状况和总体经济走向的预期，满意指数反映消费者对当前经济状况和耐用消费品购买时机的评价，而信心指数则综合描述消费者对当前经济状况的满意程度和对未来经济走向的信心。薛斐（2005）利用国内的数据实证发现，消费者信心指数比封闭式基金折价率（CEFD）指数能更好地衡量投资者情绪，更适合作为度量投资者情绪的指标。同时发现，相对于大公司股票收益，消费者信心指数对小规模公司股票收益的解释力更强（回归系数更大）。

4. 巨潮信心指数

所谓投资者信心是投资者看好投资前景，认为投资在未来有保证，不必担心投资发生意外损失的一种主观状态。“投资者信心指数”是深圳证券信息公司借鉴世界各国已有的投资者信心指数和国家统计局经济景气预测中心的消费者信心指数的设计方法，于2003年4月底推出的指数产品。市场人士对该指数产品给予了很高评价，但2005年以后已经停止编辑和对外发布。

巨潮信心指数通过问卷的方式，调查投资者对自身投资状况和证券市场的现状评价和未来期望、测量投资者信心强弱的程度。该指数由五个子指标构成，分别是未来1个月大盘乐观指标、未来6个月的大盘乐观指标、投资价值指标、大盘回弹指标和不发生崩盘指标。在每月调查完成后，通过统计问卷得到每个子指标的数值，通过加权平均方式得到总的投资者信心指数。韩泽县（2005）通过实证研究发现，该指数与当期市场收益显著正相关，并且对未来一周的市场收益具有显著的解释能力。薛斐研究也发现，巨潮信心指数能够反映投资者情绪的变化。

从以上国内投资者情绪指数的构造可以看出，它们都基于对机构投资者的多空调查，而类似国外AAII指数那样对个体投资者情绪的调查并不存在，因此，国内对投资者情绪的实证分析也只局限在以机构投资者情绪为变量的基础之上。Fisher和Statman（2000）通过对个体投资者、股评人士、华尔街分析家三种情绪指标做相关性检验，指出代表小投资者的个体投资者情绪和代表中等规模投资者的股评人士情绪之间的相关系数为0.47，并且统计上显著。而代表大投资者的华尔街分析家情绪和其他两者均不存在显著的相关关系。由此看出，如果要对中国投资者情绪进行全面分析，针对个体投资者情绪的多空调查必不可少，这也是理论研究和实际工作的需要。

通过直接对投资者情绪进行度量并构造情绪指数，可以直观地反映投资者情绪。但在投资决策中，情绪虽然可以影响投资行为，但是并不是说所有的投资者都会按照其情绪进行投资。前文提到的AAII除对个体投资者情绪进行调查外，还调查个体投资者的资产配置情况。AAII每月月初向个体投资者发送600份问卷，并于当月收回。

被调查者要将其实际的资产组合分为股票、债券和现金。Fisher 和 Statman（2000）通过研究发现，投资者情绪的变化与他们的股票投资在全部资产组合中的比例变化呈正相关，并且统计上显著，然而，调整后的可决系数 R^2 仅为 0.02 。尽管 Fisher 等人发现，个体投资者情绪与未来 S&P500 收益呈显著负相关，但是，实际上个体投资者的股票分配比例与未来 S&P500 呈正相关（虽然这种关系在统计上并不显著）。这说明投资者在其实际投资行为上要比在情绪变化上明智。这可能是由于“后悔厌恶”，人们不愿意接受新信息或试图扭曲新信息并继续坚持自己的信念和假设（Festinger，1957）①。也就是说，虽然投资者预期未来看涨或者看跌，但是在实际投资行动中，他们并不会按照其情绪行事。因此，通过直接度量而获取的投资者情绪指数虽然可以反映投资者情绪，但在以分析投资者情绪对市场的影响为目的的研究中，其有效性有待进一步考证。

（二）衡量投资者情绪的间接指数

对投资者情绪的间接度量是指通过统计市场上与情绪有关的交易数据来构造投资者情绪指数。这种指数的显著特点是，它们并不直接告诉使用者投资者预计未来股市是上涨还是下跌，而要通过指数使用者的经验和分析得出结论。按照构造指数所需要的数据来源，可将这些情绪指标划分为以下五种。

1. 整体市场表现指数

这组情绪指数是通过整理有关股票市场整体表现的数据而得到的。

（1）腾落指标（ADL）

该指标以股票每天上涨或下跌的家数作为计算与观察的对象，以此了解股票市场上人气的盛衰，探测股市内在的动能是强还是弱。

Brown 和 Cliff（2004）发现，用月度的 ADL 指标可以预测正交化后小市值股票的未来收益，且在 1% 的水平上显著，而该指标对大市值股票却没有作用。

---

① 美国社会心理学家 Festinger 提出认知失调理论，即在日常生活中工人们倾向于忽视他们工作所固有的危险，研究者更容易感受到与他们模型一致而不是冲突的证据。

（2）ARMS 指标

该指标是腾落指标的一种变形形式。这种指标还结合了成交量因素，它是标准化后的上涨家数与下跌家数的比值，即

$$ARMS_t = \frac{\sum 上涨家数 / 上涨的成交量}{\sum 下跌家数 / 下跌的成交量}$$

该指数每天都被刊登在《华尔街日报》上，一般认为，$ARMS_t$ 小于 1 时，表明有买方需求，投资者有看涨情绪。

Brown 和 Cliff（2005）指出，$ARMS_t$ 指标在 6—36 个月的时间范围内，无论对小市值股票还是大市值股票，均不能对其未来收益率进行有效预测。

（3）新高新低指标（HI/ LO）

这个指标也用来衡量股市中买卖力量的相对强弱。Achelis（1995）指出，如果 HI/ LO 减小，说明越来越少的股票正创出新高，虽然市场指数还在上涨，但上涨的动力越来越弱，并可能出现反转（阿基里斯，2004）。

Brown 和 Cliff（2004）通过检验证明，该指标不能对小市值或大市值股票的未来收益进行预测。

2. 交易类型指数

此类指数是从市场上交易行为种类的角度分析并构造投资者情绪指数。

（1）保证金借款变化（change in margin borrowing）

每月美联储都要报告保证金借款的变化率情况。该指标被用作看涨指标，因为它表示投资者运用借款进行投资的意愿。如果投资者认为未来股市看涨，那么他们会倾向于增加借款数额。

（2）未补抛空差额变化（Change in short interest）

未补抛空差额变化作为看空指标，每月公布一次。与该指标相似的还有未补抛空比例指标，即累计卖空的未平仓的股票数量与平均每日成交量之比。如果该指标大于 6，则说明市场存在潜在的需求，是牛市的标志；如果该指标低于 4，则说明市场存在卖空的潜力，是熊市的标志。

（3）卖空比例（short sales to total sales）

卖空比例是由卖空占总卖出额的比例得到的。与此相对应，还可以得到专家卖空比例（short sale by specialists），它是由专家卖空占纽约证券交易所总卖空的比例得到的。由于人们普遍认为专家有信息优势，并具有专业投资知识，是精明的投资者，如果专家卖空比例上升，则表示后市将下跌。

（4）零股卖出/买入比例（odd-lot sales to purchases）

这里用 ODDLOT 表示零股卖出/买入比例。零股通常指小于 100 股的股票交易，经纪商对此类交易一般收取较高的手续费。该指数被认为可以衡量小投资者情绪，如果指数上升，表示投资者情绪悲观。Fosback（1976）指出，这个指标是 20 世纪 70 年代后期以前“最可靠的技术分析指标”，在此时期以后由于看涨期权的出现，为激进的看空后市的小投资者提供了一个更有效的交易机制。

Neal 和 Wheatley（1998）发现，ODDLOT 并不能预测未来收益。Brown 和 Cliff（2004）用以上四个指标对小市值和大市值股票下一月或下一周的收益进行回归，发现它们均不能对收益率进行预测。Brown 和 Cliff（2005）又在从 6 个月到 36 个月的不同时期内分别对小市值股票和大市值股票的收益与 ODDLOT 进行回归，同样得出 ODDLOT 并不能预测股票未来收益的结论。

3. 衍生品交易指数

该类指标是由与股票有关的衍生工具的交易量得到的。

（1）认沽认购比率（PUT/ CALL）

芝加哥期权交易所公布的股票认沽认购期权交易量的比例被普遍认为可以作为看跌指标，即认沽期权大于认购期权可看作投资者对股市的未来收益看空。

（2）S&P500 净头寸变化（SPX）

美国商品期货交易委员会（CETC）按照交易者类型公布持有 S&P500 期货净头寸的变化量。其中非商业交易者①的头寸变化可以被用来作为机构投资者情绪的代表；而小交易者的头寸变化可以作为

① 把除金融和贸易公司之外的市场专业人士定义为非商业交易者。

个体投资者情绪的代表。

（3）期望波动率与当前波动率之比（VOL）

$VOL_t = \ln(VIX_t/SIG_t)$ 其中 VIX 表示 S&P100 指数期权的波动率，SIG_t 是由 S&P100 指数 K 线图得到的已实现的波动率。一个正的 VOL_t 表明有更高的期望波动率，因此可以被解释为熊市情绪。

Brown 和 Cliff（2004）通过用上述指标对小市值和大市值股票下一周的收益进行回归发现：除认沽认购比率指标在 5% 的显著性水平下可以对大市值股票下周的收益率进行预测外，其他指标均不能对股票收益率进行预测。

4. 股票市场上特定产品指数

这里所指的特定产品为封闭式基金、共同基金和首次上市发行（IPO）的股票。用这些相关数据来代表投资者情绪指数。

（1）封闭式基金折价率（CEFD）

封闭式基金折价（closed-end fund discount）指基金的价格小于其单位资产净值（NAV）的情况。该数据可由每周公布的 NAV 得到。封闭式基金折价率 $CEFD = (NAV - Price) / NAV$。一般认为，如果折价率上升，则意味着投资者情绪悲观，由于封闭式基金大都由个体投资者持有，该指标可以衡量个体投资者情绪。在实证分析中，这个指标被很多学者所应用。

黄少安和刘达（2005）的研究表明，投资者情绪理论可以较好地解释中国基金的折价现象。在保险公司采取被动策略的情况下，投资者情绪仍然会对机构投资者占据主体的基金价格产生重要影响。伍燕然和韩立岩（2007）论证说明投资者情绪是封闭式基金折价的重要影响因素。

但这种指标的适用性也存在着广泛的争议。Lee，Shleifer 和 Thaler（1991）认为，可以用封闭式基金的折价率作为衡量个体投资者情绪的指标。Brown 和 Cliff（2005）在从 6 个月到 36 个月的时期内分别对小市值股票和大市值股票的收益与封闭式基金折价率进行回归，发现封闭式基金并不能预测股票的未来收益。Chen，Kan 和 Miller（1993）则认为用投资者情绪来解释封闭式基金折价和小公司效应是不恰当的，其原因在于封闭式基金折价是否可以真正衡量市场情绪并不清楚，也许仅仅反映的是投资者对封闭式基金的信心。De Long 和 Shleifer（1991）以及 Lee，Shleifer 和 Thaler（1991）选择将封闭式基金折价作为投资者情绪指数的衡量指标的原因在于，这种做法是从市场数据中得到的，并不要求进行问卷调查，这就避免了样本选择风险，并且可以追溯构建较长时间的信心指数。

（2）共同基金净流入（fund flow）

共同基金净流入是指共同基金流入与赎回的差。Neal 和 Wheatley（1998）发现，它是预测小市值股票比大市值股票产生超额收益的有效指标。该指标被用来衡量投资者情绪，指标上升说明投资者情绪看多。

Brown 等（2003）利用美国、日本的每日共同基金净流入作为投资者情绪的指标，证明该指标能够反映投资者情绪的变化。Frazzini 和 Lamout（2008）也使用共同基金净流入构建了一种反映在不同股票上的投资者情绪指标，研究发现，投资者情绪较高时，未来股票的收益率较低。

（3）基金资产中的现金比例（fund cash）

该指数由共同基金中现金占其总资产的比例得到。一般假设，基金持有现金的比例与其对后市的乐观情绪呈负相关，如果基金经理认为后市看涨，那么他会把现金转换成股票，或者其他资产。共同基金数据每月公布一次，所以上述两个指标只有月数据。Brown 和 Cliff（2004）通过检验得出，基金现金（fund cash）指标与代表机构投资者情绪的 II 指数的相关系数为 -0.36，大于其与代表个体投资者情绪的 AAII 指数的相关系数 -0.25 。Brown 和 Cliff（2005）又指出，基金流动（fund flow）指数与大市值股票资产组合的未来收益呈显著的正相关关系，与小市值股票资产组合的未来收益虽然也呈正相关，但不显著。同样基金现金指数也与大市值股票未来收益呈正相关，与小市值股票无关，这说明随着基金经理保留的现金增加，未来市场的表现反而更好。

（4）共同基金净赎回率（net mutual fund redemption）

共同基金净赎回率是指基金被赎回的余额减去销售的金额所得的净值与期末基金资产价值的比值。共同基金净赎回率是国外常用的投资者情绪指标之一。如果投资者对当前的股票市场持乐观的态度，那么共同基金赎回率较低，反之则较高。Neal 和 Wheatley（1998）研究发现，该指标可以显著地预测大、小公司间的规模溢价。

（5）IPO 首日收益率

人们通常认为，IPO 市场的活跃程度反映了投资者情绪，高 IPO 首日收益率反映了投资者投资热情的高涨。同时 IPO 首日收益率的变化通常与 IPO 的数量、其他可能反映投资者情绪的变化一致。

Ljungqvist，Nanda 和 Singh（2006）通过建立理论模型发现了有关 IPO 的异常现象：首日发行抑价、“热市”效应和长期表现不佳都可用投资者情绪来解释。

Derrien（2005）研究发现，个体投资者需求的高涨导致了较高的首日收益率。Cornelli 等（2006）研究发现，当投资者过度乐观时 IPO 首日收益率也较高。韩立岩和伍燕然（2007）以中国上市公司为样本进行实证研究表明，IPO 首日收益率反映了投资者情绪。

（6）IPO 数量

IPO 数量也与市场行情有关。当股市行情看涨、股价屡创新高时，发行 IPO 的公司数量就会增多；反之，当股市行情低迷，股价下跌严重时，发行 IPO 的公司数量就会减少，甚至为零。IPO 的这种“热市”现象难以用理性因素来解释。

Lowry（2003）的实证研究表明，企业对资本的需求和投资者的市场情绪对发行 IPO 数量具有重要的决定因素。Brown 和 Cliff（2004，2005）也把 IPO 数量和 IPO 首日收益率作为投资者情绪的代理变量，检验其对股市收益的预测能力。Brown 和 Cliff（2005）通过长时间段的回归分析得出，IPO 行为与小市值股票未来收益率负相关。其中 NIPO 在 10 % 的水平下显著，RIPO 在 1 % 的水平下显著。

（7）股权融资的比例

股权融资占外部融资比例（The share of equity issues in total equity and debt issues）是从总融资活动角度反映投资者情绪的。该指标考虑了所有的股权融资活动，而不仅仅是 IPO 的行为。

Baker 和 Wurgler（2000）通过实证研究发现，较高的股权融资比例预示着未来较低的股市收益，这种现象反映了公司管理者利用投资者情绪对股价的影响成功地在股权融资与债务融资之间转移，从而降低总资本成本。

（8）股利溢价

发放现金股利使投资者可以得到一系列可预测的收入流，提供了一种类似债券的安全性。当投资者过度悲观时，他们更加重视投资的安全性，偏好于发放现金股利的股票，从而愿意为这种股票支付高价。反之，当投资者过度乐观时，他们更加关注投资的成长性，从而愿意投资高成长、不发放股利的股票，导致该种股票的价格上涨。因此，发放或不发放现金股利的股票价格差异可能反映了投资者情绪的变化。

在 Baker 和 Wurgler（2004a，2004b，2006）的研究中，股利溢价（dividend premium）被定义为发放现金股利股票的平均市值/账面值与不发放现金股利股票的平均市值/账面值的差。研究发现，股利溢价可以很好地解释公司支付股利倾向的历史趋势。即当发放现金股利可以得到溢价时，公司更可能支付现金股利；反之，当发放现金股利得到折价时，公司支付现金股利的可能性下降。因此，公司是否发放现金股利，似乎取决于投资者对现金股利的态度。

5．其他情绪代理变量

（1）月运周期

理论研究和生活常识表明，月亮运行周期可能对人类行为有显著的影响，从而引起股价的变化。Dichev 和 Janes（2003）通过对美国各主要股指及其他 24 个国家证券市场的研究验证了月运周期效应的存在，并且实证结果表明，月运周期效应对股票收益有重要的影响，但是对股票收益波动率和交易量的影响并不显著。Yuan 等（2006）将研究的样本扩大，同样得到了与 Dichev 和 Janes（2003）相类似的结论；研究还发现，满月期间的股票收益要低于新月期间的股票收益。

（2）日照时间

医学研究发现，在日照时间较少的秋季和冬季，因为白天时间的缩短会导致许多人心情沮丧，这就是所谓的季节性紊乱（seasonal affective disorder，SAD）。心理学家和经济学家的实验表明，心情沮丧

（depression）会提高对风险的厌恶程度。Kamstra 等（2003）认为，季节性紊乱影响了股市投资者的风险厌恶，进而会导致市场均衡条件下风险溢价的变化。因此，秋季和冬季的日照时间长短会引起股市收益的变化。他们以 9 个国家 12 种市场指数为样本，按照秋季和冬季日照时间的长度构建了投资者情绪指标，实证研究结果证实了上述假说。

（3）月新开户数

证券交易所新开户数的变化直接体现了投资者对证券市场的需求，更能直接反映投资者的情绪。当场外投资者对股市充满信心、情绪高涨时，他们进入股市的热情越高，月新开户数也越高。因此，证券交易所的月新开户数可以作为投资者情绪的一个度量指标。韩立岩和伍燕然（2007）用该指标作为投资者情绪的度量，实证结果表明月新开户数与 IPO 首日收益率存在显著的正相关关系。

（4）财经媒体的意见

财经媒体的意见可能会影响投资者的投资决策。Tetlock（2007）利用《华尔街日报》某著名财经专栏内容构建了一种媒体悲观程度指标。研究发现，较高的媒体悲观情绪指标预示了股市价格的下跌和随后向基础价值回归的反转，特别高或者特别低的悲观情绪会导致较高的股市交易量。研究结果与噪音交易者和流动性交易者的理论模型预测一致，但与主张财经媒体的内容代表资产基本价值新信息的理论结果不一致。

（5）体育比赛结果

心理学的研究结果表明，体育比赛的结果会显著影响人们的情绪。Edmans 等人（2007）以国际足球比赛结果作为投资者情绪的代理变量，研究发现，足球比赛失利后股价会出现显著的下跌，此种现象在小公司股票上反映得更加明显。另外，研究还发现，国际板球、橄榄球、篮球比赛也存在类似的现象。总之，体育比赛的结果会显著影响投资者的情绪，从而进一步影响股票的价格。

尽管基于资本的市场交易与价格数据所构建的间接情绪指标避免了调查方法所带来的偏差，但人们对其是否反映投资者非理性情绪还存在一定的争议。大量研究表明，诸如封闭式基金折价、IPO 首日收益率等被广泛使用的情绪指标可能同时受理性和非理性因素的影响，所得的实证结论也会受到质疑。

（三）综合情绪指标

无论是间接的还是直接的情绪指标都不能很好地代表投资者的情绪。在实证研究中，为了克服单一指标所带来的偏差，研究者运用一些统计的方法建立了综合指标，可以有效地减少误差。

1. CB 情绪指数

CB 情绪指数是 Brown 和 Cliff（2004）运用卡尔曼滤波法和主成分分析法提取多种情绪变量的共同成分而构建的一种新的综合情绪指标，实证研究了该指标与近期股票收益的关系。研究发现，综合情绪指标能较好地反映其他情绪变量所包含的信息，并且投资者情绪的水平和变化与当期的市场收益高度相关，但对未来短期的市场收益几乎没有预测能力。

2. BW 情绪指数

BW 情绪指数指的是 Baker 和 Wurgler（2006）采用第一主成分法所构建的一个总的情绪指数，主要选取了能反映投资者情绪的六个变量：封闭式基金折价率、股票换手率、IPO 首日收益率、IPO 数量、股权融资在外部融入中所占的比例、股利溢价，然后提取上述六个变量的第一主成分建立一个总的情绪指数。

Baker 和 Wurgler（2006）利用该指标实证检验了投资者情绪与股票收益的横截面关系。研究结果证明，更易被主观估价、高投机、难套利的股票对情绪影响更加敏感，发现当投资者情绪指标值偏低时，小盘股、新股、高波动股、亏损股、不分红股、极端成长股的价值被低估，因而其未来收益相对偏高。当投资者情绪高涨时，情况恰恰相反。另外，他们的情绪指数显示，情绪对价值型股票和成长型股票影响的大小是相似的。Baker 和 Wurgler（2007）检验了该情绪指数数值和 40 年来历史泡沫之间的图像验证关系，结果表明，该情绪指数能够很好地反映历史泡沫发生的时间。用所构造的情绪综合指数，通过回归分析解释了当前收益的截面效应，结果显示，情绪对高投机、难套利股票的当前收益影响更大。随后，他们仍利用该情绪指数预测股票的未来收益，截面效应表现为：当情绪较高时，投机性股票的平均未来收益要低于债券类股票。Baker，Wang，Wurgler（2009）；Stambaugh（2010）；Gao，Yu，Yuan（2010）；Kurov（2010）；Mc Lean，Zhao（2011）；Yu，Yuan（2011）亦采用如上代理变量来表征情绪。

后来，国内外研究者采用与BW情绪指数类似的方法构建了综合情绪指标，例如，Liao，Huang，Wu（2011）利用2003—2007年美国基金市场77只基金所持有的527只股票、共31093组月交易数据观测值，选取10个代理变量，即个股平均收益、个股平均成交量、S&P500指数收益、罗塞尔2000指数收益、S&P500指数成交量、S&P500指数期权认沽认购比、IPO首日收益、IPO发行量、NYSE股票换手率、共同基金净买量，运用主成分分析法构造了情绪指标，分析了情绪与基金经理交易行为的一致性。回归分析发现，情绪对其买入行为、售出行为及整体交易行为均有正向影响。Finter，Niessen-Ruenzi，Ruenzi（2010）采用德国GFK消费者信心指数、交易量、基金净买入额、IPO发行量、IPO首日收益、股票发行占比、认沽认购比等变量，以主成分分析法构造了投资者情绪指数。Kim和Ha（2010）选取韩国10个代理变量构造了投资者情绪指标。国内研究者张强、杨淑娥（2009）采用1998—2006年的市场换手率、封闭式基金折价率、投资者开户增长率等月度数据作为投资者情绪指数的代理变量，应用因子分析法构造了综合投资者情绪指数。黄德龙、文凤华、杨晓光（2009）应用市场换手率、封闭式基金折价率、A股新开户比率作为情绪的综合代理变量，用主成分分析法提取了总情绪指标。研究结果表明，投资者情绪对股票横截面效应具有一定的解释能力，并且对未来收益也具有一定的预测能力。

本书第五章则采用Baker和Wurgler（2006）的主成分构建方法，得到了一个能反映中国市场投资者情绪的综合指数，实证检验了投资者情绪和A－B股溢价的关系，利用投资者情绪可以有效地解释A－B股的溢价现象。

目前研究主要通过直接调查，利用资本市场数据推断、综合各种指标和信息来构建投资者情绪指标。但准确度量投资者的心理状态有时候是很困难的，尽管我们进行了大量的尝试，但现有的投资者情绪指标都存在一定的问题。

总之，如何对投资者情绪进行准确度量是今后进行相关研究必须解决的难点，如果想要准确度量投资者情绪，就必须分析大量关于投资者交易或情绪的数据。目前，随着互联网技术的快速发展，我们正步入“信息爆炸”的大数据时代，如何把投资者的交易行为与互联网所提供的海量信息数据相结合，将是未来研究的重点之一。

第四节　投资者情绪研究现状

一　投资者情绪与市场收益关系的研究

（一）投资者情绪对收益波动性影响的研究

股票收益的波动率不仅是衡量股票风险的重要指标，也是资产定价过程中必须考虑的因素。以往的研究绝大多数以传统金融理论为基础，认为收益的波动主要是由各种经济因素所导致的，并通过构建各种 ARCH，GARCH 等波动率预测模型来测度和预测收益的波动率，却忽略了投资者情绪可能带来的影响。而 De Bondt 和 Thaler（1985）研究发现，投资者在面对利好和利空消息时，均存在着过度反应，即面对利好消息时投资者会更加乐观，面对利空消息时投资者会更加悲观，投资者的这种过度反应行为加剧了证券市场的波动程度。此后，学者们便越来越关注投资者情绪对收益波动率的影响，并认为投资者情绪的变化与收益波动率呈正向关系，即投资者情绪越高涨，收益的波动率就越大。De Long 等人（1990）提出的 DSSW 模型、Lee 等人（2002）将投资者情绪视为证券价格系统性风险的来源，并且研究证明投资者情绪变化会对收益的波动率产生一定的影响。Brauer（1993），Brown（1999）的实证研究均发现，投资者情绪的异常波动会引起封闭式基金收益率的巨大波动。Mehra 和 Sah（2002）也发现，投资者情绪是其风险偏好的主要影响因素，情绪变化所引起的风险偏好参数即使产生微小波动也会导致股票价格的显著波动。Yu 和 Yuan（2011）依据投资者情绪来解释股票市场的“收益—风险”关系，认为投资者情绪的不同会造成市场上“收益—风险”关系发生不同的变化。国内学者在进行相关研究时主要借鉴了国外相对较为成熟的理论研究框架和方法，并在此基础上加以改进来实证检验投资者情绪对我国股票收益波动率的影响。王美今和孙建军（2004）、张强和杨淑娥（2009）在DSSW模型的基础上，分别建立GARCH模型和GARCH－M模型来实证检验投资者情绪及其波动对市场收益波动率的影响，研究结果表明，噪声交易者情绪水平及其波动剧烈程度显著影响了资产收益波动率；程昆、刘仁和（2005）将投资者情绪分为中期情绪和短期情绪，发现中期情绪指数较短期情绪更能够对股市收益波动率产生影响。王朝晖和李心丹（2008）发现，投资者情绪存在GARCH效应，且对股市收益具有“溢出效应”。杨阳和万迪昉（2010）发现，投资者情绪对收益波动率的影响存在非对称效应，牛市中的投资者情绪与收益波动率呈正相关关系，而熊市中两者呈负相关关系。王春（2014）运用GARCH－M模型研究了投资者情绪对不同类型股票收益和波动的影响，结果发现，大市值股票组合受投资者情绪影响的股票市场指数条件波动越大，股票组合收益就越大；小市值股票组合受投资者情绪影响的股票市场指数条件波动越大，则股票组合收益反而越小。史永东和王镇（2015）对不同情绪期内市场收益波动率进行了分析，发现当投资者情绪悲观时“风险—收益”之间才存在正相关关系。

（二）投资者情绪对市场收益影响的研究

传统金融理论认为，股票价格是由其内在价值决定的，即便股票价格偏离其内在价值，市场上的理性套利者也会迅速将价格拉回到内在价值附近。然而，伴随着股票市场上各种异象的出现，国内外越来越多的学者开始摒弃投资者完全理性假设，认为股市中存在着大量非理性或者有限理性的噪声交易者，Black 和 Fisher（1986）曾指出，噪声交易者主要基于错误的主观信念或与公司基本面无关的信息做出投资决策，因此，这类交易者的情绪会对股票收益产生显著的、持续性的系统影响。目前国内外相关的研究主要通过实证方法来验证投资者情绪能否有效地解释股票收益，主要包括投资者情绪对市场整体收益的影响以及对不同类型股票收益的影响。投资者情绪对市场整体收益的影响是以整个股票市场为研究对象，考察其对市场整体收益的影响。由于所选情绪代理指标、研究对象、研究样本期及研究目的不同，所得到的结论也有所不同。Baker，Stein 和 Wurgler（2003）发现，低落的投资者情绪会增强投资者对股市收益变化的敏感性，导致投资者情绪对股市预期收益产生非对称影响；Brown 和 Cliff（2004）用市场调查问卷的数据作为情绪代理指标，发现在月或周频率下，投资者情绪并不能预测市场收益。

国内学者在这方面也进行了大量的研究，伍燕然和韩立岩（2007）发现，投资者情绪同时会对股市的当期和未来收益产生影响；闫伟和杨春鹏（2011）发现，不管是牛市还是熊市，情绪变化对股市收益均有显著影响，而熊市时情绪对股市收益的冲击远大于牛市时的冲击。同时，国内学者还利用 Granger 因果关系检验来验证投资者情绪与市场收益的因果关系，程昆、刘仁和（2005）研究发现，市场收益率是短期情绪指数的格兰杰原因。于全辉、孟卫东（2010）把整个样本期划分为上升期和下降期，发现在整个样本期和下降期，上证综指是投资者情绪的单向格兰杰原因，在上升期，投资者情绪与上证综指互为格兰杰原因。陈军、陆江川（2010）通过将投资者情绪分为长期情绪和短期情绪，结果发现，无论短期还是长期，投资者情绪均是股价指数变动的格兰杰原因，但股价指数仅是短期情绪波动的格兰杰原因，且通过脉冲响应检验后发现，股价指数对短期投资者情绪有负向脉冲响应，对长期投资者情绪有正向脉冲响应；董孝伍（2013）从短期视角和长期视角研究了投资者情绪与股票市场之间的互动关系，结果发现，滞后市场收益在短期内（1—4 个月）是投资者情绪的格兰杰原因，而中长期（10—12 个月）的滞后情绪又是市场收益的格兰杰原因。

（三）投资者情绪对市场预测能力的研究

国内外研究者发现，投资者情绪对市场收益可能存在正向影响，也可能存在负向影响。Bernstein 和 Pradhuman（1994）研究发现，以华尔街分析师指数作为情绪指标，则投资者情绪与 S&P500 指数收益之间存在反向关系，即投资者情绪是 S&P500 收益的反向指示器；Fisher 和 Statman（2000）研究认为，大、小投资者情绪是未来 S&P500 收益的可靠反向指示器，中等投资者情绪也是反向指示器但表现不显著。将这三类投资者情绪加以综合可以预测未来收益，可用于战略性投资配置。Fisher 和 Statman（2003）发现，投资者情绪和当期的 S&P500 指数月度收益呈正相关关系而与未来 1 个月、6 个月、

12 个月的月度收益呈负向关系；Charoenrook（2005）认为，消费者情绪指数（投资者情绪代理变量）可以更好地解释股价变化与投资收益，并且发现消费者情绪的变化与同期的超额市场收益呈正相关；Brown 和 Cliff（2005）利用市场调查问卷数据来衡量投资者情绪，发现在未来的 1—3 年内投资者情绪与市场收益之间呈显著的负相关关系；Schmeling（2009）基于 Brown 和 Cliff（2005）的研究方法，考察了 18 个工业化国家情绪对股票预期收益的影响，证实了投资者情绪对股市总体收益具有负向预测作用，且这种负向关系在不同类型股票和不同时期均存在。林翔（2000）采用事件研究法①，以《中国证券报》咨询机构看市栏目所推荐的股票为样本，分析股票推荐前后价格和成交量的变化，结论是咨询机构具有一定的预测能力。饶育蕾、刘达峰（2002）对央视机构看市和《中国证券报》券商和证券咨询机构看市栏目的研究发现，券商投资者情绪不具备市场预测能力。宋军、吴冲锋（2003）以《中国证券报》券为样本，研究发现证券分析师的情绪具有羊群性，总体上是预测市场的反向指标，但并不显著。黄德龙等人（2009）发现，如果投资者情绪存在正向（负向）波动，乐观（悲观）的盈利预期和高（低）投机性需求会对当期收益产生正（负）向影响；蒋玉梅和王明照（2010）发现，短期内投资者情绪与市场收益呈正相关关系，而长期内情绪与市场收益呈负相关关系。

多数研究者认为，短期内投资者情绪与市场收益存在正向关系，但长期内投资者情绪与市场收益存在负向关系。因为若投资者情绪是乐观的，股价刚开始会持续上升，经过一段时间后，股价又会反转趋向其内在价值，导致投资者情绪与市场收益之间呈现负向关系，但此时的市场收益通常是经过较长时间调整后的未来市场收益，而在多数情况下，短期内的市场收益与投资者情绪仍呈正向关系。

（四）投资者情绪对市场收益影响的截面研究

国内外学者从横截面的角度，考察了投资者情绪对不同特征类型

---

① 事件研究法（event study）由 Ball & Brown（1968）以及 Famaetal（1969）开创，其原理是根据研究目的选择某一特定事件，研究事件发生前后样本的变化，进而解释特定事件对样本股票价格变化与收益率的影响。

股票收益的影响。Neal 和 Wheatley（1998）发现，情绪可以解释小市值股票的收益以及预测规模溢价；Kumar 和 Lee（2006）发现，小市值、低价格、机构持股比例低以及价值型的股票收益受情绪影响的敏感程度相对较高；Baker 和 Wurgler（2004）发现，那些未来有更高回报率的股票在初期都有较低的投资者情绪；Baker 和 Wurgler（2006）进一步研究发现，投资者情绪与股票收益的负向关系会随股票类型的不同而不同，对于市值小、次新股、高波动、非盈利、不分红、极端成长等股票类型，投资者情绪和预期收益的负相关关系更为明显，同时还发现，情绪对不易估值和难以套利的股票影响更大；Lemmon 和 Portniaguina（2006）考察了情绪与规模溢价之间的关系和资产定价偏差随情绪的时变性，研究发现，投资者情绪能够预测小市值型、价值型和机构持股比例低的股票收益。

国内研究者蒋玉梅和王明照（2009）发现，在情绪乐观时，有形资产率低、资产负债率高、无现金分红、低价股、亏损型、高账面市值比、利润增长率比较极端的股票会获得超额收益；在情绪悲观时则相反，但后四种类型股票表现得并不显著。随后，蒋玉梅和王明照（2010）又发现股息率、有形资产率、价格、市净率、市盈率、波动率等特征值低的股票和资产负债率高的股票，更容易受到情绪的影响，而且在情绪乐观时，该类股票在当期或滞后一期具有超额收益，情绪悲观时则相反，投资者情绪对于该超额收益具有一定的解释作用和预测能力。宋泽芳和李元（2012）发现波动率高、市净率高的股票收益率对情绪的敏感性较强，但流通市值小的股票收益率对情绪的敏感性较弱。陆江川和陈军（2012）以《股市动态分析》的周和月好淡指数作为投资者情绪的代理变量，研究发现，周投资者情绪对股票横截面收益有正向影响；月投资者情绪仅对小市值股票横截面收益有负向影响；周极端情绪（包括乐观和悲观）对股票横截面收益还有额外的显著影响，但月极端情绪（包括乐观和悲观）对股票横截面收益无显著影响。池丽旭等（2012）发现，投资者情绪对小市值股票的影响程度要大于对大市值股票的影响程度，同时通过情绪的波动能够预测小规模股票的短期收益惯性和长期收益反转的特征。刘丽文和王镇（2016）从股票自身特征、交易特征和行业特征三个维度出发，分析了不同类型的股票在情绪乐观期和悲观期内收益的变化情况，结果发现，在情绪乐观期内规模中等且低账市比股票、市盈率中等且高换手率股票、住宿和餐饮行业股票的收益率较高，在情绪悲观期内规模大且低账市比股票，高市盈率且高换手率股票，信息传输、软件和信息技术服务业股票的收益率较高。

（五）投资者情绪与市场异象关系的研究

行为金融学之所以能够得到蓬勃发展是因为它能成功地解释众多传统金融理论所无法解释的市场异象。当前应用投资者情绪对市场异象的解释更多地集中在IPO抑价之谜方面。在解释IPO抑价之谜时，Ljungqvist和Wilhelm（2005）发现，投资者情绪假说能够更好地解释IPO抑价现象；Cornelli等人（2006）发现，投资者情绪对于新股发行市场有着极大的影响；韩立岩和伍燕然（2007）利用投资者情绪理论全面解释了国内市场IPOs的三大现象（新股短期发行抑价、长期定价偏高和火爆的发行市场）；雒庆举和吕鹏博（2010）主要考察了投资者情绪的信息冲击对IPO首日收益动态的脉冲影响，结果发现，投资者情绪会显著影响IPO首日收益；李博（2010）结合二级市场的投资者情绪和一级市场的发行方式分析了我国IPO首日收益率，发现二级市场投资者的情绪越高涨，IPO首日收益率就越高，两者呈正相关关系。

在解释封闭式基金折价时，Lee等人（1991）分析了情绪与封闭式基金折价的关系，发现情绪极度乐观时，基金会溢价发行，而且情绪变化会导致基金折价水平发生变化，且随着存续期的结束，情绪风险也将逐渐消失，所以折价程度会大幅降低甚至消失；同时还发现，小市值股票的收益率变动和基金折价变化呈正相关。伍燕然和韩立岩（2007）运用不完全理性投资者的情绪解析中国封闭式基金折价之谜。黄少安和刘达（2005）的研究也发现，投资者情绪理论可以较好地解释我国封闭式基金的折价现象。

二　投资者情绪对投资决策和行为的研究

（一）投资者情绪对投资决策的影响

谭跃、夏芳（2011）将盈余管理与投资者情绪结合起来分析两者对股价的影响，分析两者与中国上市公司投资的关系，通过划分平静时期和动荡时期，发现在不同的时期里，盈余管理与投资者情绪所导致的错误定价关系趋势并不总是一致的，盈余管理和投资者情绪在不同时期里分别主导着股价与公司投资的关系。黄莲琴、杨露露（2011）以2005—2009年A股上市公司为样本，利用投资者情绪感染理论和迎合理论分析了投资者情绪和管理者过度自信对公司资本投资的影响。实证结果表明，我国股票市场上投资者情绪波动幅度较大，其波动的情绪感染和影响了过度自信管理者的投资行为，与一般的管理者相比，过度自信管理者使投资者情绪与资本投资之间的敏感性增强，加大了投资支出。当投资者情绪高涨时，更会感染过度自信管理者的情绪，使之提升公司投资水平；当投资者情绪低落时，其引发的感染效应减弱，对那些投资水平较高的公司，投资者和管理者的非理性对公司投资决策的影响效应更显著。刘志远、靳光辉、王勇（2012）检验了企业截面特征差异对投资者情绪与企业投资关系的影响作用，以2004—2009年沪深两市上市公司为样本的研究发现，换手率越高、规模越小、成长性越高、收益波动程度越大、现金持有量越多以及资产负债率越低的上市公司，其投资行为对投资者情绪越敏感。

（二）投资者情绪对过度投资的影响

花贵如、刘志远、许骞（2010）检验了投资者情绪对企业投资行为的影响，结果发现，投资者情绪与企业过度投资呈显著正相关关系，而与投资不足呈显著负相关关系，投资者情绪的冲击对企业当前和未来绩效的影响表现为“正向影响—负向影响—逐渐消退”的过程，说明在中国资本市场上，投资者情绪对资源配置效率具有“恶化效应”与“校正效应”的两面性，而“总体效应”表现为资源配置效率的低下。花贵如、刘志远、许骞（2011）将投资者与企业管理者的有限理性纳入同一框架，从行为公司的财务视角，提出并证实了投资者情绪影响企业管理者的投资行为，并得出投资者情绪会对企业投资规模产生正向影响。吴战篪、李晓龙（2011）则从证券投资方面分析了投资者情绪在公司治理与上市公司证券投资之间的作用，发现我国上市公司普遍参与证券投资，并且存在一定程度的过度投资，其原因并非公司治理结构不完善，而是投资者情绪过于高涨，因此只通过公司治理机制并不能有效遏制上市公司对证券的过度投资。

刘志远、靳光辉、黄宏斌（2012）考虑在股权集中的所有权结构下，控股股东是否会迎合投资者情绪而增加投资，研究发现，在控股股东存在的情形下，投资者情绪依然与公司资本支出呈正相关，但是相关程度受到股东持股比例的影响，在两权分离的公司中，两权分离越严重，控股股东迎合程度越强，不过，民营控股股东的迎合程度并没有显著高于国有控股股东。刘志远、靳光辉（2013）进一步研究发现，投资者情绪对投资非效率的影响受到股东持股比例以及两权分离程度的调节，投资者情绪对过度投资的恶化作用在股东持股比例较为分散、绝对控股以及两权不分离的公司表现显著，而对投资不足的校正作用只在股东持股比例较高以及中等程度两权分离的公司表现显著。罗琦、张标（2013）以2005—2011年中国上市公司为样本实证检验投资者情绪对企业非效率投资的影响，结果表明，投资者情绪高与企业投资不足呈现出显著的负相关关系，与企业过度投资呈显著正相关关系；进一步研究发现，当控股股东持股比例低时，投资者情绪与企业投资不足的负相关性更强，当股东持股比例高时，投资者情绪与企业过度投资的正相关性更强，相对于国有企业，非国有企业非效率投资受投资者情绪的影响更大，终极控股股东两权不发生分离时投资者情绪与非效率投资无关，而在两权分离时投资者情绪会加剧过度投资。

（三）投资者情绪对融资的影响

徐枫、胡鞍钢（2012）以2003—2009年沪深两市上市公司为研究对象，从异质信念和投资者情绪两个维度，考察投资者特征对企业股权融资方式选择的影响。他们发现，投资者异质信念越大，投资者的情绪就越高，企业越倾向于公开增发而非配股；并且发现异质信念对股权发行方式的影响存在差异性，当投资者的情绪越乐观，异质信念对企业公开增发选择倾向的敏感性就越高。徐浩萍、杨国超（2013）研究了股票市场投资者情绪对债券融资成本的影响，实证结果表明，在进行债券发行决策时，股票市场投资者情绪越高，债券发行率就越低，并且对信用等级高、经营业绩好、政府控股的企业以及含股权选择债券的影响更加显著，从而支持了理性套利假说，股票市场投资者情绪与企业债券融资倾向呈正相关，从而进一步支持了投资者情绪越高债券融资成本越低的结论。黄宏斌、刘志远（2013a）发现，从先验角度看，伴随着市场整体投资者情绪的高涨，民营小规模上市公司会获得更多的银行借款，其融资约束得以缓解，信贷资源配置效率增高；进一步从获得贷款后企业投资效率和经营绩效的后验角度看，则发现在高涨的投资者情绪下所获取的银行借款加重了企业过度投资，显著恶化了企业后续的经营绩效，降低了信贷资源的配置效率。黄宏斌、刘志远（2013b）探究了资本市场上投资者情绪的高涨或低落是否会影响以及如何影响上市公司微观信贷资源的获取。研究发现，投资者情绪与企业信贷资源获取之间呈同方向变动；再将企业银行借款指标按期限长短进行分解之后，发现长期贷款及其变化与投资者情绪较为敏感，而短期贷款及其变化与投资者情绪的关系不显著。

（四）投资者情绪对股票增发的影响

童盼、王旭芳（2010）以我国十年来实施公开增发的A股上市公司为样本，考察不同市场环境下公开增发市场反应的差异及其原因。研究发现，市场环境的差异会带来增发市场反应的差异，投资者情绪与增发市场反应显著正相关，即在不同市场环境下公开增发市场反应的差异主要源于投资者情绪。刘力、李广子、周铭山（2010）利用1999—2008年所有公开增发的上市公司为样本，考察了股权分置改革对公开市场增发公告价格效应的影响，发现投资者情绪越高涨，公开增发公告价格出现负效应的可能性越大，反之则越小，表明投资者情绪对经典公司的财务结果起到了放大的作用。徐斌、俞静（2010）以2006—2008年成功进行定向增发的上市公司为样本，研究投资者情绪和大股东利益输送行为对定向增发折扣的影响，发现定向增发折扣中不存在大股东的利益输送行为，二级市场投资者情绪是影响定向增发折扣的一个重要因素，定向增发折扣随二级市场上投资者乐观情绪的上升而推高。卢闯、李志华（2011）利用2006—2010年第三季度的定向增发事件作为研究样本，发现投资者情绪对定向增发折价有显著影响，投资者情绪越乐观（悲观），定向增发折价越大

（小），市场错误定价是投资者情绪和定向增发折价的中间变量；进一步研究显示，定向增发的信息对市场错误定价的影响显著，定向增发后股票出现低估的可能性增加。马晓奎、杨德勇、李亚萍（2012）采用事件研究法研究上市公司定向增发的宣告效应，发现中国上市公司定向增发普遍能获得正的宣告效应，具体而言，当定向增发前投资者情绪高涨时，投资者情绪与定向增发公司的累积超额收益显著正相关，当投资者情绪低落时，则为负相关。

三 投资者情绪对资产价格影响的研究

在传统资产定价模型中，无论是单因子的 CAPM 模型还是后来的 Fama-French 三因子模型，其假设前提都是投资者是理性的，并未考虑投资者情绪等心理因素对资产价格的影响。随着行为金融理论的快速发展，学者们已开始将投资者情绪作为定价因子纳入资产定价模型的研究中，构建基于投资者情绪的行为资产定价模型。例如，De Long 等人（1990）最先将投资者情绪引入股票价格的理论模型分析中，认为投资者情绪是影响股票均衡价格的内在因素；Shefrin 和 Statman（1994）在 CAPM 模型的基础上，将投资者分为信息交易者和噪声交易者，通过设定由噪声交易者引致的情绪贝塔系数，构建了行为资产定价模型（BAPM）；Shefrin 和 Statman（2000）在随机贴现因子模型（SDF）中加入情绪因子，认为包含情绪因子的 SDF 更加准确地反映了投资者的个体回报率以及对资产价格的影响，从而构建出行为随机贴现因子模型；Lee 等人（2002）强调应将投资者情绪视为系统性风险因素，从而建议在资产定价过程中要考虑投资者情绪对价格的间接影响；Kumar 和 Lee（2006）发现，除了 Carhart 的四因子模型外，作为投资者情绪代理指标的 BSI 指数也是股票横截面收益的一个定价因子；Mendel 和 Shleifer（2012）发现，缺乏信息的理性交易者有时会把噪声误认为信息，从而放大了情绪对市场的冲击，导致资产价格偏离其内在价值。

在国内研究中，伍燕然和韩立岩（2007）指出，投资者情绪是影响资产定价的重要因素；朱伟骅和张宗新（2008）认为，投资者情绪与股价投机性泡沫的生成之间存在着动态联系；杨春鹏和闫伟

(2012) 探讨了情绪认知价格模型，依次构建有代表性的情绪投资者认知价格模型和包含正向情绪投资者与负向情绪投资者的双向情绪认知价格模型；张壬癸和杨春鹏（2013）、杨春鹏和李进芳（2013）、杨春鹏和李进芳（2014）分别建立了基于消费的情绪资产定价模型、基于信息的情绪资产定价模型和基于信息的两期交易情绪资产定价模型。

第五节 小结

投资者情绪关系到市场是否有效、资产价格是否无偏地反映所有信息及投资者能否保持理性等问题。目前，我国对投资者情绪及基于投资者某种心理的最优组合投资决策和资产定价问题等的研究尚处于起步阶段。基于以上考虑，本章首先从资本市场无效的理论基础出发，探讨了投资者情绪作用的必要条件——有限套利和投资者的心理偏差，概括了投资者情绪定义以及目前的研究价值。其次，为了能够明确投资者情绪含义，使用一组具体指标来量化投资者对市场各方面的评价和期望，使情绪具有可比性、可操作性，详细介绍了所构建的各种各样的投资者情绪指数，从而可以帮助投资者更好地把握市场的心理走向，为其决策提供参考依据，在一定程度上利用投资者情绪指数可预示证券市场未来的走势，可作为判断市场变化的重要依据。最后对投资者情绪与市场收益之间关系方面的研究作了总结，分析了投资者情绪在市场影响机理、市场预测能力等方面的研究现状。

总之，中国证券市场投资者情绪研究尚处于起步阶段，许多的研究领域仍属空白，在理论和实务上都存在许多的不足。根据上述的研究综述，笔者认为，未来可从以下几个方面继续深入：

第一，建立投资者情绪的指标体系。主要利用数据挖掘和信息处理技术、开发交易算法来收集和分析网络社交媒体的内容，依靠百度指数等用户关注度数据来深度挖掘与证券市场变化相联系的潜在信息，通过对真实并且实时的数据进行分析，建立能够反映投资者情绪的指标体系。

第二，建立投资者交易信息数据库。主要借助机器学习、自然语言处理、语音识别、图像识别等技术手段，从网络社交平台数据中总结出投资者的交易习惯、投资偏好等信息，对投资者进行聚类和细分，由此发现投资者的交易模式类型，从而便于券商等机构找出最有价值和盈利潜力的投资者群体以及他们所需要的服务，实现资本在市场上的最佳配置。

第三，完善行为资产定价模型。因为互联网所提供的某些数据不仅能够更加精确地反映投资者的真实情感，而且其所提供的数据规模巨大，所以可利用互联网所提供的海量数据总结出投资者情绪变化和交易行为，设计出基于投资者情绪的新型定价因子，构建适合我国证券市场的行为资产定价模型。

第三章　基于投资者情绪的行为资产定价模型

第一节　传统资产定价理论研究综述

资产定价理论是金融经济学最重要的主题之一，它试图解释不确定条件下未来支付的资产价格或者价值，资产通常指金融工具或某种证券，而价格是由市场需求与供给决定的均衡价格。在确定性的市场上，所谓资产定价是用无风险的收益率或回报率去折现资产的未来收益而得到的资产现时价格。但是，由于金融市场上充满着相当多的不确定性，从而形成了风险性，所谓风险是指资产价格的未来变动趋势与人们预期的差异。在不确定性条件下，资产定价必须考虑到投资者对风险的态度，还要考虑投资者在收益与风险之间的权衡，或者为了补偿投资者所承受的风险而对其给予额外的报酬，这就是所谓的风险溢价。为了进行资产估值，就必须说明资产支付的延迟和风险。因此，时间对资产定价的影响也是需要考虑的。另外，在确定资产价值中对风险的修正极为重要。不确定性或者风险修正促使资产定价成为具有挑战性的领域。

所有资产定价理论都基于一种简单思想：资产价格等于未来收益的预期折现，或者以无风险收益率去折现未来的收益，再加上一个代表风险溢价的误差因子。目前存在着两大类资产定价方法：均衡定价法与套利定价法。均衡定价法企图找出隐藏在价格背后的风险来源，挖掘出风险溢价的根源，它主要分析影响经济结构的宏观变量，例如消费者的消费偏好、投资者的效用函数、政府的经济政策等。均衡定价法的优点是在原理上能够解释一些结构性的问题，例如外部环境变化时价格的变动情况。基于消费的定价法与基于一般均衡分析的定价法正是由此类方法得到的。通过求解一定假设条件下投资者的选择最优化问题，或者市场处于一般均衡条件下的一组方程，即可得出资产价格的表达式，诸如资本资产定价模型。但这类模型在实证上遇到了很多困难。

套利定价法现已成为资产定价理论的重要框架之一。其定价思想为：在不存在套利机会的无摩擦市场里，当市场均衡时，资产价格与其未来收益一定存在某种必然的内在联系，即定价规律，此种规律正是资产定价的基本定理。套利定价法的优点是：套利定价模型所得到的价格比均衡定价模型更具有可观察性，并且在假设中需求的信息也比较少，例如 Black-Scholes 期权定价公式，只需要几个容易观察到的变量便可推导出欧式期权定价公式。

资产定价理论按照其逻辑分析基础可以分为演绎型和归纳型两大类。归纳法指的是从观察、实验和调查中所获得的个别事实概括出一般原理的思维方式和推理形式。在归纳法的研究方面，目前已经通过技术分析、模式识别、智能算法、神经网络等手段研究金融市场数据背后的资产理论价格并对股票未来价格进行预测。演绎法与归纳法相反，指的是由一般原理推演出个别结论。资产定价问题的演绎法主要通过理论模型的假设、刻画、推导、求解过程来实现。该研究方法的主要研究成果是 Sharpe（1964），Lintner（1965）和 Mossin（1966）提出的资本资产定价模型（capital asset pricing model，CAPM）以及后续众多的拓展性研究。

美国著名金融学家、诺贝尔经济学奖获得者 Markowitz（1952）第一次从资产收益与风险之间的关系出发，通过均值—方差准则探讨了不确定性条件下投资组合的最优选择问题，为现代金融理论的发展奠定了基础。资本资产定价模型形式简洁优美，逻辑推理严密，与人们的直观相吻合，具有深刻的思想内涵，成为现代金融理论的基石之一。然而，该模型来源于 Markowitz（1952）的资产组合理论，因此具有较多的假设与前提条件，主要包括投资者理性、市场有效性和无摩擦性。因此，资本资产定价模型在理论上仍然有一定的局限性。自其产生后，众多学者围绕该模型展开了进一步的拓展性研究。在后续研究中，有 Black（1972）的 $0-\beta$ 资本资产定价模型、Merton（1973）的跨期资本资产定价模型（intertemporal CAPM，ICAPM），Black 和 Scholes（1973）的期权定价理论（option pricing model，OPM），Solnik（1974）的国际资本资产定价模型（international CAPM），Ross（1976）的套利定价理论（arbitrage pricing theory，APT），Breeden（1979）基于消费的资本资产定价模型（consumption-based CAPM，CCAPM），Cox（1985a，1985b）基于生产的资本资产定价模型（production-based CAPM，PCAPM），Lucas 和 Stokey（1987）基于货币的资本资产定价模型（monetary-based CAPM，MCAPM），Fama 和 French（1993，1996）的三因子模型以及 Holmstrem 和 Tirole（2001）基于流动性的资本资产定价模型（liquidity-based CAPM，LCAPM）等。

资本资产定价模型经过了近 60 年的发展，从一个简单的金融模型逐步演变成为具有深刻经济含义的理论，该理论的内涵也在不断地扩充。这个领域的研究仍旧没有停止，各种方法相互交织，新的思想不断涌现，这些发展使其被纳入一般均衡的分析框架下，以增加它们在理论上的普适性与对现实的解释力。正是由于现实世界的复杂性，这些进展要么使其具有非常好的理论普适性，但对现实的解释力很弱；要么使其具有非常好的现实解释力，但往往仅是一个局部分析，缺乏理论的深度和广度。总的来说，该理论的一个发展方向是尽量为实证工作提供良好的分析思路，另一个方向就是能对现实中资产的波动、收益有一个清晰、明确的理论解释。实际上，虽然 Fama（1970）提出的有效市场假说从时间上说要比 Markowitz（1952）的资产组合理论、Sharp（1964）的资本资产定价模型及其衍生模型要晚，但是，由于现代资产定价理论的形成潜在地运用了有效市场假说，所以这些模型本质上仍然是以 EMH 为前提的。因此，EMH 是现代资产定价理论的根源。

但在 70 年代末以后，证券市场出现了许多有悖于标准金融理论的投资者异常行为及金融市场异象，此时，有效市场理论及许多传统的资本资产定价模型已经无法对其做出合理解释，标准金融理论的完备体系面临着巨大的挑战。传统资产定价理论仍试图在有效市场或理性人假设的框架下通过对模型的修正来解释这些异象，但都无法令人满意。正是在这种异象的涌现而传统金融理论又无法予以合理解释的情况下，众多研究者开始反思传统金融理论中基本假设的合理性，即有效市场假设或理性人假设，并由此开辟了行为金融研究的热潮。

第二节 行为资产定价理论研究综述

行为金融以实验和心理研究为基础，主要研究人们在投资决策过程中认知、感情、态度等心理特征所引起的市场非有效性，修正了理性人假设的论点，指出由于投资者的认知偏差以及情绪、偏好等心理方面的原因使投资者不能以理性人的方式做出无偏差估计，从而研究投资者的决策行为及其对资产定价的影响。因此，行为金融理论主要借鉴心理学、行为学、社会学等其他学科的理论方法对现代标准金融理论的基本假设及分析范式作了修正，提出了行为资产定价模型（BAPM），并以此解释金融市场上所存在的各种“异象”。

一个代表性的模型是 Shefrin 和 Statman（1994）在吸收、采纳 CAPM 理论的核心定价思想的基础上所构造的行为资产定价模型（BAPM）。在 BAPM 模型中，假定市场上的投资者不仅有理性的信息交易者（Information Traders），而且有非理性的噪声交易者（Noise traders）。信息交易者从不犯认知错误且不同个体之间具有良好的统计均方差。这样，信息交易者就属于 CAPM 框架下的理性“经济人”。噪音交易者容易产生认知偏差，并不按照严格的均方差偏好进行资产选择，不同个体之间具有显著的异方差，属于 CAPM 框架之外的投资者。这两类交易者在市场上相互作用，共同影响着资产价格的波动。噪音交易者的存在导致估计的发生和形成噪音交易者风险（noise trader risk，NTR）。“理性”的信息交易者无法“量化”这一新的风险因素，只能在真实风险之上再加上额外的风险，它用行为 β 来表示。这样，在 BAPM 中证券的预期收益决定于行为 β 系数，即正切均方差效应资产组合的 β。换句话说，在 BAPM 中行为 β 与均方差有效组合的切线有关，正切均方差效应资产组合并非市场组合。这清楚地表明了 CAPM 和 BAPM 的联系与区别。并且，BAPM 能够解释

CAPM的两个悖论，正是因为市场上普遍存在着不断犯错误的噪声交易者，所以交易不仅是可能的而且是经常的。同时正是噪音交易者的存在导致风险资产的价格与其内在价值背离这一现象是持续的，“套期保值”交易不仅是可能的而且是必要的。

在BAPM模型中β的估计是一个难点，在CAPM中，我们可以用股票指数代替市场组合，但在计算行为β时，正切均方差效率资产组合随时都发生着变化，这个月还在起重要作用的行为因素下个月就可能变得次要，甚至微乎其微，所以很难找到它的有效替代物。现在运用得较广泛的是澳大利亚Vikash Bora Ramiah和Sinclair Davidson提出的动量指数（dynamic volume index，DVI）。构建动量指数的主要依据是证券的交易量，以证券的交易量作为反映投资者情绪的指标，交易量反映了不同投资者对某种证券未来价格的不同看法。交易量在平均值以上的证券被认为是交易者偏好的，存在噪声交易者的可能性也更大。但在构建动量指数的过程中，应当剔除那些由于新信息发布等因素而造成的交易量变化。*DIV*指数的计算公式为：

$$DVI_t = \sum(S_i P_{it}) \times I_0 / \sum(S_{i0} P_{i0})$$

其中，S_i和S_{i0}分别表示t时刻和0时刻按交易量标准选入构建*DVI*组合的证券，I_0是调整因子。利用*DVI*的收益率来计算行为β；利用整个证券市场的市场指数的收益率来计算传统的CAPM模型下的β，两者之差即为噪声交易者风险（NTR）。

Shefrin和Statman（1994）的行为资产定价模型提供了一个度量心理认知偏差对价格偏离的解释程度的方法。其主要的理论贡献就是为后来的研究者提供了如何量化定价过程中心理因素的框架，尤其是对行为β的分析启发了后来的研究者。但这一模型也存在着一定的缺陷，例如，该模型只考虑了投资者在信息学习过程中的不完全理性对资产定价的影响。实际上，投资者在投资决策过程中的心理因素不仅多而且复杂。这不仅体现在对信息的学习上，也体现在投资者对风险的态度上。现实中的投资者往往是保守和冒险的结合，而在模型中并没有涉及。因此，Shefrin和Statman（1994）的行为资产定价模型只是为研究行为资产定价提供了一个理论的起点和一种分析框架模式，离现实的状况还有一定的差距。

另外，Shefrin 和 Statman（2000）在心理账户理论的基础上发展了一种行为资产组合理论。根据心理账户结构的不同，Shefrin 和 Statman 分别提出了单一心理账户下的资产组合理论和多重心理账户下的资产组合理论。在该理论中，投资者如果采取单一心理账户，就会把投资组合置于同一账户中，重视不同资产之间的协方差，从而实现将投资组合作为一个整体进行评价的目的。如果采取多个心理账户，就会把投资组合分立在不同的账户下，从而关心每个账户的投资损益，而不是资产之间的协方差。不同的投资者心理账户可能对应不同的投资组合，市场组合就不一定成为唯一的最优选择。

Shefrin 和 Statman 的行为资产组合理论，通过引入多重心理账户等概念，能够更好地刻画类似保守和冒险投资精神等现象的“矛盾”复杂心理，并为如何量化心理因素对投资决策的影响程度指明了方向，通过设立更多层次的心理账户就可以模拟出更多更复杂的投资者决策心理，从而提高了行为投资组合理论的市场解释力和投资指导价值。行为资产组合模型的构建，不仅为行为金融理论的发展奠定了基础，同时也被看作经典资产组合理论的又一突破性进展。

噪音交易者模型实际上就是放松了 CAPM 和 CCAPM 模型中投资者同质的假定，通过异质投资者以及非理性的引入，来理解资产定价问题。但这种模型并没有考虑产品市场的影响，在缺乏一般均衡框架的条件下，噪音交易者对资产定价的影响就是不明确的。在基于噪音交易者的资产定价研究方面最为著名的是 De Long，Shleifer，Summers，Waldmann（1990）的 DSSW 模型。他们的研究发现，噪音交易者在市场上并不总是亏损的，当然，他们也不总是盈利的，在条件具备的情况下，他们的预期收益可以为正，甚至高于套利者。最后该模型还可以解释资产价格过度波动、股票收益对均值的回复、封闭式基金之谜和股权溢价之谜等多种金融异象。

虽然 DSSW 模型及在此基础上发展起来的部分模型从噪声交易的角度描述了资产均衡价格，并且成功地对几种重要的市场异象给予了解释，但由于噪音交易者是非理性地把噪音当作信息进行交易的投资者，因此对噪音如何度量、消息如何测度，以及将其应用到市场实际数据的实证检验方面，都是一些难以解决的问题，并且至今也未能出现较好的解决办法。基于噪音交易者的研究模型尚缺乏相关心理行为实验与神经医学实验的证据支持，这使得模型的研究与现状尚无直接的联系与证据支撑。因此，从噪音交易的角度考虑资产均衡价格遇到了难以测度从而难以进行实证检验且缺乏实验支撑的挑战。

目前，行为资产定价理论的研究角度多种多样。一个角度是从消费资本资产定价模型（CCAPM）出发，逐步引进各种行为因素，比如财富偏好、习惯形成、追赶时髦、损失厌恶等，从而找到更为精确的随机贴现因子（SDF）予以刻画。另一个角度是典型的行为金融学理论和应用，直接从投资者行为的心理基础出发，研究投资者心理对资产价格的决定，进而影响金融市场的均衡。例如一种典型的方法就是通过构造投资者的心理账户，来理解投资者对无风险资产和风险资产的组合投资及其定价。这方面的研究由于融入一般均衡框架的困难，使得产生兴趣的人比较少。两种研究角度的关键差别在于前者一般假定投资者为理性预期，而后者一般假定投资者为有限理性，或者非理性。不过，通过许多金融学家的努力，两者已经逐渐开始融合。

一　基于行为因素的资产定价模型

大多数金融学家基于 CCAPM 的理论框架，从不同的角度引入财富偏好、习惯形成、追赶时髦、损失厌恶等行为因素，从而找到更为精确的随机贴现因子（SDF），通过修正期望效用函数，建立一般均衡模型。这些模型在解释股票溢价之谜和无风险利率之谜方面都有明显的改进，本节主要介绍其中的三种。

在 CCAPM 模型中假定投资者是同质的，决定其投资决策差异的唯一变量就是随机贴现因子（SDF），资产定价理论就是要通过模型来精确刻画 SDF，通过引入不同的 SDF 决定性因素，建立相应的资产定价模型。这种行为资产定价模型的一般均衡框架如下：

代表性投资者的 t 期财富为 W_t，希望使用该财富最大化的期望总效用，为 $\max E_t[\sum_{j=0}^{\infty}\beta^j u(c_{tj},z_{tj})]$，其中 E_t 是条件期望算子，β 是主观贴现因子，c_{tj} 是消费，$u(c_{tj},z_{tj})$ 表示修正后的效用函数，其中 z_{tj} 是进

入效用函数的变量，与行为因素有关，比如习惯、财富、损失等。假定效用函数二次连续可微。

经济中的竞争性均衡是价值函数 $V(W_t, z_t)$ 、Lucas 树的价格 P_t 和需求的数量 S_t ，以及无风险利率 R_t ，一方面使投资者效用最大化，另一方面使市场出清。使用预算约束方程将消费替换为状态变量和控制变量，将下一期的财富替换为控制变量，代入 Bellman 方程。然后对控制变量求取一阶条件，并对状态变量使用 Benveniste-Scheinkman 公式，得到 Euler 方程：$1 = E_t(M_{t+1}, R_{t+1})$ ，其中 R_{t+1} 表示各个资产的收益率，得到均衡定价方程。

（一）基于财富偏好[①]

财富偏好（preference for wealth）的定义是除了积累的财富所带来的消费之外，财富本身也能给投资者带来效用。财富量应是效应函数中的变量，也就是说，投资者不仅从享受财富所带来的消费品中获得最大效用，还从占有财富本身获得了满足感，财富的边际效用为正。

Bakshi 和 Chen（1996）研究了基于财富偏好的资产定价理论，在 Merton（1969，1971）基础上求解了基于消费偏好的消费—投资组合模型。最优的消费—投资计划是投资者的财富和财富所带来的社会名望的函数。在模型的分析框架下，最优消费倾向会随着个人的相对社会名望和个人财富的增加而上升；会随着社会平均财富水平、投资者对贫困的厌恶程度、投资者对社会地位的偏好程度的增加而下降。同时，投资者的财富风险厌恶会随着他对社会地位的关心程度的上升而上升，会随着社会平均财富水平的上升、投资者社会名望的下降而上升。

在 Bakshi 和 Chen（1996）基于财富偏好的资产定价模型中，资产的风险溢价依赖其消费风险和财富风险。模型中投资者的消费和财富都是其效用函数的变量，投资者不但关心其消费的波动，也关心其财富的波动。因此，投资者持有风险资产，不但对冲资产的消费风

① 本节的几种具体模型形式可参见董志勇《行为金融学》，北京大学出版社 2009 年版。

险，而且对冲资产的财富风险。

财富偏好能够成功地解释无风险利率，但很难解释股票溢价之谜。Kuznitz（2001）通过实证分析和数值模拟，发现财富偏好不能解释股票溢价之谜，并且在 Bakshi 和 Chen（1996）的实证分析中，对股票溢价之谜的解释能力也是非常有限的。

（二）基于习惯形成和追赶时髦

习惯形成（habit formation，habit persistence）是指投资者的效用函数不但依赖当前的消费水平，还与习惯有关，即效用函数中引入了反映投资者过去消费水平的习惯变量。这种处理基于投资者心理的一个基本特征：重复的刺激减弱了对刺激的感知能力和反应能力（Campbell & Cochrane，1999）。习惯越强，投资者从当期消费品中所得到的效用水平就越低，也就是说，习惯的边际效用为负。追赶时髦是指，投资者的效用函数定义在投资者的当前消费水平和滞后一期经济中的平均总消费水平上，也就是说，投资者关心的不仅是自己的消费水平，还包括相对的消费水平。因此在投资者的效用函数中引入了反映滞后一期总消费水平的偏好参数，这种效用函数的构造反映了金融学家对投资者行为的重新理解。

（三）基于损失厌恶

Kahneman 和 Tversky（1992）认为，投资者不但厌恶风险，而且厌恶损失：损失减少所带来的效用损失的绝对值要大于财富增加所带来的效用增加。因此，即使经济衰退这种现象发生的可能性非常小，损失厌恶型的投资者也非常惧怕。虽然股票的期望收益率远大于债券收益率，但是在经济衰退时，股票比债券的贬值幅度更大，因此投资者更愿意持有收益较低但不宜贬值的债券。

Barberis，Huang 和 Santos（2001）在 Lucas（1978）的基础上，提出了一种效用不仅来自消费还来自金融财富值变动的模型（BHS 模型）。这个模型受前景理论的影响，并参考了先前投资对当前风险决策影响的实验结果。

在他们的目标函数里，效用定义在消费和财富的变动之上：投资者不但规避消费风险，还规避财富的损失。模型来源于心理学的两个特征：第一，投资者对财富损失的敏感程度要比对财富增加的敏感程度高，即损失厌恶（Loss aversion）。第二，投资者损失厌恶的程度依赖于他以前的投资表现。如果以前的投资是获利的，他损失厌恶的程度就会小一些，之前的盈余会缓冲后来的损失，使损失相对来说还不是那么难以忍受。相反，如果先前遭受了损失，投资者会变得相对更加厌恶风险，对后来的挫折就更加敏感。下面介绍其中比较典型的两个模型。

1. BHS 模型

BHS 模型是 Barberis，Huang and Santos 于 1999 年提出的。

该模型假定投资者进行投资决策时存在损失厌恶（Loss Aversion）和私房钱（house money）效应。由于私房钱效应的影响，股利增加所引起的股票报酬增加会降低投资者的风险厌恶程度，促使其以较低的折现率来折现股利，使股价更高，导致股价相对于股利的价值偏高和下一期的股票报酬降低。相反，由于私房钱效应的影响，股利下跌会降低投资者的风险容忍度，促使其以较高的折现率来折现股利，导致股价更低和下一期的股票报酬较高，其结果是股票报酬更具有波动性。该模型能够解释权益的高报酬、高波动性和高预测性。

2. BH 模型

BH 模型是 Barberis 和 Huang（2001）应用前景理论构造的模型。该模型以损失厌恶和心理账户来解释个别股票的报酬行为。考虑两种情况：一是投资者对个别股票的波动有损失厌恶倾向，另外投资者的投资决策会受到前一次投资绩效的影响，这种情况被称为投资组合的心理账户。Barberis 和 Huang 认为，个别股票的折现率是股票历史绩效的函数，若股票的历史绩效很好，受私房钱效应的影响，投资者会认为这个股票的风险较低，因此用较低的折现率来折现未来的现金流量，从而推升价格股利比，导致下一期报酬较低，使股票报酬波动变大。此外，该模型认为，成长股和大公司股票的历史表现通常较好，投资者认为其风险较低从而要求较低的预期报酬。相反，价值股和小公司股票的历史表现通常较差，投资者认为其风险较高而要求较高的预期报酬。可见，利用心理账户可以有效地解释个别股票报酬时间序列的高均值、高波动性和明显的可预测性，还可以解释规模溢酬（size premium）和价值溢酬（value premium）。

Barberis 等人的损失厌恶模型可以很好地解释在金融市场上股票价格高均值—高方差现象，以及股票价格具有一定可预测性的原因。在解释股票溢价之谜的问题上，损失厌恶模型依靠的是人们对于损失的厌恶，这个假设基本与实证结论一致，从而跳出了传统金融学中必须依赖投资者具有极大的风险规避系数这一极端假设的束缚。

从本质上讲，行为资产定价理论是对随机贴现因子的进一步挖掘，是对以资产定价理论为核心的金融学的深入发展。对于标准金融学而言，行为资产定价理论不是革命，而是发展和改良。通过引入 SDF 新的决定因素来改进过去的 CAPM 和 CCAPM 模型已经获得了模型和经验实证上的成功，并使得行为资产定价理论更为科学。但在理论基础上还面临着许多挑战，SDF 和跨期的相对边际效用有关，必须涉及投资者的主观评价，资产定价就必须考虑投资者的心理特征。理性的局限和偏好内生给金融学家带来巨大的挑战。并且行为资产定价理论还没有产生一个被广泛承认的模型，也没有出现一个可以用来解释大多数实证难题的模型，更没有（也不大可能）发展出像 CAPM 和 CCAPM 这样精致而美丽的经典模型。这些问题说明行为资产定价理论现在还处于研究的初级阶段。离一个成熟的理论还有一些差距，还有许多值得深入讨论的地方。

二　基于投资者认知偏差的行为资产价格模型

在行为金融理论中，许多研究者尝试将部分投资者的有限理性行为和股票横向回报之谜作一个统一的解释。本节主要通过介绍 BSV，DHS 和 HS 理论来解释投资者的反应过度和反应不足，并进一步解释股票市场上的动量效应和长期反转效应。这三个理论都是以投资者情绪和认知偏差为前提的，都在各自的理论框架下对动量效应和长期反转效应给出了相关解释。BSV 模型和 HS 模型基于各自对投资者情绪和类型的划分，分别从不同的角度解释了投资者反应过度和反应不足这两种现象的成因和表现过程。DHS 模型则讨论了信息投资者的过度自信和自我归因偏差与价格波动方式之间的关系。但是，这三个理论对同一现象的解释却存在很大的分歧，无法相互印证和支持，这也是行为金融学亟待解决的问题之一。

（一）BSV 模型[①]

BSV 模型是由 Barberis，Shleifer 和 Vishny 于 1998 年提出的。BSV 模型主要利用两个典型的心理偏差：一个是保守性偏差（conservatism bias），即投资者认为收益变化只是一种暂时的现象，因此不能及时根据收益变化来调整自身对未来收益状况的预期反应不足，只有当后来的实际收益状况与先前的预期不符时才做出调整，导致了投资者对信息的反应不充分，结果是反应不足（Under-reaction）。另一个是代表性偏差（Representative bias），即投资者过分重视近期数据的变化，而对产生这些数据的总体特征重视不够。如果根据近期数据来预测投资收益，则会出现同方向的收益变化，导致投资者认为资产的收益变化是趋势性的。一旦投资者过分相信这种趋势效应，就会导致对信息的反应过度，造成股价的过度反应（Over-reaction）。

在 BSV 模型中，假定每一期收益都表现出随机游走的特点，但投资者并不清楚这一点。市场上的投资者把收益分为两个状态，并且认为在不同的收益状态下未来收益的决定方式是不一样的，即在不同的收益状态下，下一期的收益是由不同的模型来决定的。假定两个模型都服从 Markov 过程，这两个模型之间的区别只在于转换概率的大小。在模型 1 中未来收益很可能出现反转，即如果本期收益受到一个正的冲击，那么下一期收益很有可能受到负的冲击。而模型 2 则可能沿着原有的趋势发展。这两个模型分别反映了在保守主义指导下的投资行为特点和代表性偏差指导下的投资决策特点。在 BSV 模型中，投资者所预期的价格与实际价格出现偏离，主要是因为投资者没有使用随机游走模型来预测收益而使用了模型 1、模型 2 来预测收益。因此所预测出的价格与实际价格有一定的偏差，这种偏差在定价上表现为对新信息的反应不足和反应过度。

BSV 模型并不是直接由保守性偏差和代表性偏差这两类心理现象演化而来的，只能说在模型的分析过程中用到了保守性偏差和代表性偏差的投资者心理活动的支持。但是，模型中的一些假设是存在问题

① Barberis，Shleiffer 和 Vishny 在 *Journal of Financial Economics* 上发表的一篇名为“A Model of Investor Sentiment”的文章中主要介绍了 BSV 模型。

的或者说是不合理的，因为现实的金融市场上投资者的心理决策活动是相当复杂的。而且模型分析的一个前提是，状态转换是一个 Markov 过程，符合贝叶斯法则，这与非理性投资者的假设相矛盾，需要进行后续的研究。

BSV 模型可以解释动量效应和长期反转。BSV 模型认为，起初投资者由于保守性偏差而导致股价对新信息的反应不足，证券价格被低估，从而引起动量效应。随后受股票趋势性变动影响而产生的代表性偏差导致投资者反应过度，进一步加剧股价的动量效应。长期市场逐渐意识到这种错误的预期，股票的价格会慢慢被纠正，从而出现长期反转，趋于均衡。

（二）DHS 模型①

DHS 模型是由 Daniel，Hirsheifer and Subramanyam 于 1998 年提出的。DHS 模型是对于短期动量和长期反转问题提出的一种基于行为金融学的解释。DHS 模型是建立在投资者过度自信和自我归因两种心理学现象基础上的。

DHS 模型是把投资者划分为有信息的投资者和无信息的投资者两类。无信息投资者不受判断偏差的影响，但是在金融市场上资产的价格是由有信息投资者所决定的，而有信息投资者却存在两种认知偏差：过度自信和自我归因的偏差。通常有信息投资者的过度自信会高估自己的能力，夸大自己根据个人信号而得到的预测和准确判断，低估自己的预测误差。同时，有信息投资者又会低估关于股票价值的公共信号，尤其是当公共信号和私人信号相冲突的时候，投资者会明显地偏向于私人信号。为了简单起见，模型假定有信息投资者是风险中性的而无信息投资者是风险厌恶的，最终得到了不同时期的资产均衡价格。从长期来看，私有信息所导致的股票价格变动平均会受到部分程度的修正，即反应过度的价格趋于反转。公共信息的出现所导致的价格变动与其后出现的公共信息所导致的价格变动存在正相关关系。

在 DHS 模型中，归因偏差是指当事件与投资者的行动一致时，

---

① Daniel，Hirsheifer and Subramanyam 在 *Journal of Finance* 上发表了一篇题为“Investor Psychology and Security Market Under – and Overreactions”的文章中详细阐述了 DHS 模型。

投资者将其归结为自己的高能力；当事件与投资者的行为不一致时，投资者将其归结为外在噪声，即把成功归因于自己英明，而把失败归因于外部因素。如果一个投资者基于私人信息进行交易，在买进股票之后得到好的公开信息，卖出股票之后得到坏的公开信息，在这种情况下，投资者的自信心增加。但是，当相反的情形出现时，投资者的自信心并不是同等程度地减少，即把证实自己判断的消息作为信息予以重视，把证伪自己判断的消息作为噪声予以怀疑甚至抛弃。这样，归因偏差一方面导致了短期的惯性和长期的反转，另一方面助长了过度自信。

DHS 和 BSV 模型的区别在于所假定的认知偏差不同：DHS 模型建立的基础是投资者的过度自信和有偏的自我归因这两种心理现象，其分析的角度更侧重于人们所惯有的过度自信现象；而 BSV 模型所依赖的心理偏差主要是保守主义和有选择的直观推断偏差，其关注的是人们分析新信息的模式变化和理性程度。这两个模型从不同的角度解释了过度反应和反应不足，但是影响人的心理因素和认知偏差有很多，这两个模型所列举的只是其中的一部分。

（三）HS 模型①

HS 模型是 Hong 和 Stein 于 1999 年提出的，又称统一理论模型（unified theory model）。

与前两个模型的研究思路不同，HS 提出了一个全新的统一理论模型。模型假定市场上存在两类投资者：消息关注者（news watchers）和动量交易者（momentum traders）。在通常情况下，这两类投资者都是有限理性的，都只能有效利用和处理公共信息中的一部分。消息关注者偏爱基本的分析法，只相信自己所获取的关于企业未来情况的私有信息，并以此决定交易行为；而动量交易者偏爱技术分析法，他们不关心企业基本面的信息，只关注股票价格前一段时间的变动趋势和规律，并以此预测未来的价格变动趋势。消息关注者根据所获得

① Hong 和 Stein 在 *Journal of Finance* 上发表了一篇题为“A Unified Theory of Under-reaction, Momentum Trading, and Overreaction in Asset Markets”的文章中阐述了 HS 模型的原理和思想。

的关于未来价值的信息进行预测，其局限是完全不依赖于当前或过去的价格；动量交易者则完全依赖于过去的价格变化，其局限是他们的预测必须是过去价格的简单函数，在上述假设下，该模型将反应不足和反应过度统一归结为关于基本价值信息的逐渐扩散，而不包括其他的对投资者情感刺激和流动性交易的需要。模型认为，最初消息关注者对私人信息反应不足的倾向，使得动量交易者力图通过套期策略来利用这一点，而这样做的结果恰好走向了另一个极端——反应过度。

HS模型和前两个模型的不同在于：前两个模型假定市场上存在一类代表性投资者，这些投资者往往不是完全理性人，而是带有某些认知偏差的有限理性投资者，这些代表性投资者在不同的情况下表现出不同的认知偏差，这种偏差具体表现在他们对相同信息的不同判断上。而HS模型对投资者的分类和假定，更倾向于对信息选取上的区别。消息关注者根据观测到的关于未来基本情况的信号来做出预测。他们的局限性是不能根据当前和过去价格的信息进行预测。惯性交易者正好相反，他们可以根据过去的价格变化做出预测，但是他们的预测是过去价格的简单函数。除了对两种投资者信息处理能力方面的限制性假设外，还有私人信息会在信息观测者之中逐步扩散。信息在投资者当中逐步扩散，价格在短期内存在反应不足。这种反应不足意味着惯性交易者可以从“追涨杀跌”中获利。然而，这种套利企图必然导致长期的价格反应过度。市场的价格是这两类投资者相互影响的结果，也正是由于市场中存在着两类行事策略迥异的交易者，股票的价格才表现为反应过度和反应不足，并且表现出短期的动量效应和长期的反转趋势。

不论是DHS还是BSV模型均可以解释股价的动量效应。但是，不同模型对动量效应是如何产生的却有截然不同的看法。DHS模型认为，有信息的投资者起初对股价反应过度，随后由于自我归因而引起更大的过度反应，进而导致动量效应，市场需要一段时间来修正初期的过度反应。BSV模型则认为，最初投资者由于保守性偏差才对新信息反应不足，使得证券价格被低估，引起动量效应。紧接着受股票趋势性变动的影响而产生的代表性偏差使投资者反应过度，从而加剧了股价的动量效应。HS模型对动量效应的解释则与BSV模型相似，也是因为最初的反应不足和随之而来的反应过度才造成了动量效应。

以上三种模型都是基于投资者的非理性预期，以期望理论中的投资者心理学假设为基础。但三个模型从不同的角度整合了反应过度和反应不足的有关理论，强调了投资者情绪和行为对资产价格形成过程的影响，因此常被行为金融学者称为“投资者心态模型”。

本书下一节将沿用 DHS 模型的研究框架，进一步分析投资者情绪对资产定价的影响。首先建立了具有固定情绪影响系数 ρ 的简单资产定价模型，模型分析表明，情绪交易者的存在与私人信号到达及到达之后资产的收益（短期或者长期）是负相关的，而与公共信号到达及到达之后资产的收益呈正相关，论证了投资者情绪对长期市场收益具有反向影响。情绪交易者的存在导致短期资产价格波动变大，即投资者情绪波动越严重，资产价格波动就越大。

然而实证研究表明，投资者的行为及产生的投资结果会进一步影响投资者的情绪。因此进一步考虑投资者在不同时期的情绪变化，建立了受投资结果影响的情绪资产定价模型，模型分析表明，若有信息投资者在不同时期收到符号相同的信号，则投资者的市场情绪加重，表现为资产价格继续上涨或下跌；反之，资产价格则保持不变。模型的意义在于能够很好地解释短期收益惯性、长期收益反转以及资产价格泡沫等现象，并论证了认知风险与认知收益呈负相关的实证结论。

第三节 基于情绪的资产均衡价格模型

下面沿用 DHS 模型的研究框架，建立基于投资者情绪的资产价格模型，分析投资者情绪对资产价格的影响，并据此对证券市场上所存在的异常现象给予解释。

一 模型的建立与分析

依据 DHS（1998）对投资者类型的划分，将投资者划分为有信息和无信息投资者，并且假定有信息投资者是风险中性的，无信息投资者是风险厌恶的。当有信息投资者收到私人信号时，由于受投资者情绪的影响会对信号产生一个冲击，即对正向信号产生正的冲击，对负向信号产生负的冲击。

设风险证券的终值 $\theta \sim N(\bar{\theta},\sigma_\theta^2)$ ，不失一般性规定 $\bar{\theta}=0$ 。有信息投资者在 $t=1$ 时刻收到有关证券基础价值的含噪声私人信号 $s_1 = \theta + \varepsilon$ ，其中误差项 $\varepsilon \sim N(0,\sigma_\varepsilon^2)$ 。由于有信息投资者受情绪影响，会把信号 s_1 放大为 ρs_1（ $\rho > 1$ ），其中 ρ 为情绪影响系数，并且 ρ 越大，代表投资者的情绪越严重。在 $t=2$ 时刻投资者收到公共信号 $s_2 = \theta + \eta$ ，其中误差项 $\eta \sim N(0,\sigma_\eta^2)$ ，并且与 θ , ε 相互独立。当 $t=3$ 时刻决定性的公共信号出现，投资者卖出股票并支付风险红利，消费所有财富。利用有信息投资者的风险中性，可得，当投资者收到私人信号 s_1 时的资产均衡价格为：

$$P_1 = E_\rho(\theta|\theta+\varepsilon) \tag{3-1}$$

$$P_2 = E_\rho(\theta|\theta+\varepsilon,\theta+\eta) \tag{3-2}$$

$$P_3 = \theta \tag{3-3}$$

其中 E_ρ 表示基于有信息投资者情绪的期望算子，当 $\rho = 1$ 时，表示有信息投资者为不受情绪影响的理性交易者。下面利用正态分布的特性推导出 P_1,P_2 。

设: $\theta \sim N(0,\sigma_\theta^2)$, $\varepsilon \sim N(0,\sigma_\varepsilon^2)$

则: $\theta+\varepsilon \sim N(0,\sigma_\theta^2+\sigma_\varepsilon^2)$

$(\theta,\theta+\varepsilon) \sim N(0,\sigma_\theta^2;0,\sigma_\theta^2+\sigma_\varepsilon^2;\rho')$

其中: $\rho' = \dfrac{\sigma_\theta}{\sqrt{\sigma_\theta^2+\sigma_\varepsilon^2}}$

由二维正态分布的条件分布为正态分布这一特性得：

$$\theta|_{\theta+\varepsilon=y} \sim N(\frac{\sigma_\theta^2}{\sigma_\theta^2+\sigma_\varepsilon^2}y,\frac{\sigma_\theta^2\sigma_\varepsilon^2}{\sigma_\theta^2+\sigma_\varepsilon^2})$$

所以 $E(\theta|\theta+\varepsilon) = \dfrac{\sigma_\theta^2}{\sigma_\theta^2+\sigma_\varepsilon^2}(\theta+\varepsilon)$

因此式（3-1）变为: $P_1 = E_\rho(\theta|\theta+\varepsilon) = \dfrac{\sigma_\theta^2}{\sigma_\theta^2+\sigma_\varepsilon^2}\rho(\theta+\varepsilon)$

由正态分布的特性知:（ $\theta,\theta+\varepsilon,\theta+\eta$ ） $\sim N(u,\Sigma)$

其中，$u=\begin{pmatrix}0\\0\\0\end{pmatrix}$，$\Sigma=\begin{pmatrix}\sigma_\theta^2 & \sigma_\theta^2 & \sigma_\theta^2\\ \sigma_\theta^2 & \sigma_\theta^2+\sigma_\varepsilon^2 & \sigma_\theta^2\\ \sigma_\theta^2 & \sigma_\theta^2 & \sigma_\theta^2+\sigma_\eta^2\end{pmatrix}$

由多维正态分布的条件分布仍为正态分布得：$\theta|_{\theta+\varepsilon=x,\theta+\eta=y}\sim N(\Sigma_{12}\Sigma_{22}^{-1}\begin{pmatrix}x\\y\end{pmatrix},\Sigma_{11}-\Sigma_{12}\Sigma_{22}^{-1}\Sigma_{21})$

其中，$\Sigma_{12}=(\sigma_\theta^2,\sigma_\theta^2)$，$\Sigma_{22}=\begin{pmatrix}\sigma_\theta^2+\sigma_\varepsilon^2 & \sigma_\theta^2\\ \sigma_\theta^2 & \sigma_\theta^2+\sigma_\eta^2\end{pmatrix}$

$$\Sigma_{22}^{-1}=\frac{1}{\sigma_\theta^2\sigma_\eta^2+\sigma_\varepsilon^2\sigma_\theta^2+\sigma_\varepsilon^2\sigma_\eta^2}\begin{pmatrix}\sigma_\theta^2+\sigma_\eta^2 & -\sigma_\theta^2\\ -\sigma_\theta^2 & \sigma_\theta^2+\sigma_\varepsilon^2\end{pmatrix}$$

$$\Sigma_{21}=\begin{pmatrix}\sigma_\theta^2\\ \sigma_\theta^2\end{pmatrix},\ \Sigma_{11}=\sigma_\theta^2$$

所以，$E(\theta|\theta+\varepsilon=x,\theta+\eta=y)=\Sigma_{12}\Sigma_{22}^{-1}\begin{pmatrix}x\\y\end{pmatrix}$

$$=\frac{\sigma_\theta^2}{\sigma_\theta^2\sigma_\eta^2+\sigma_\varepsilon^2\sigma_\theta^2+\sigma_\varepsilon^2\sigma_\eta^2}(x\sigma_\eta^2+y\sigma_\varepsilon^2)$$

$E(\theta|\theta+\varepsilon,\theta+\eta)=\dfrac{\sigma_\theta^2}{\sigma_\theta^2\sigma_\eta^2+\sigma_\varepsilon^2\sigma_\theta^2+\sigma_\varepsilon^2\sigma_\eta^2}((\theta+\varepsilon)\sigma_\eta^2+(\theta+\eta)\sigma_\varepsilon^2)$

因此式（3-2）为：

$$P_2=E_\rho(\theta|\theta+\varepsilon,\theta+\eta)=\frac{\sigma_\theta^2\sigma_\varepsilon^2}{D}(\theta+\eta)+\frac{\sigma_\theta^2\sigma_\eta^2}{D}\rho(\theta+\varepsilon)$$

其中，$D=\sigma_\theta^2(\sigma_\varepsilon^2+\sigma_\eta^2)+\sigma_\varepsilon^2\sigma_\eta^2$

设有信息投资者在 $t=1$ 时刻接收到正向私人信号 $s_1=a>0$，由于受看涨情绪影响，在 $t=1$ 时刻的资产预期价格为：

$$P_1=\frac{\sigma_\theta^2}{\sigma_\theta^2+\sigma_\varepsilon^2}\rho(\theta+\varepsilon)|_{s_1=a}$$

当有信息投资者收到正向信号 $s_1=a>0$，但不受情绪影响的资产预期价格为：$P_1{}^R=\dfrac{\sigma_\theta^2}{\sigma_\theta^2+\sigma_\varepsilon^2}(\theta+\varepsilon)|_{s_1=a}$

显然，当情绪投资者收到正向私人信号 s_1 之后，由于受看涨情绪的影响而得到的资产期望价格要大于不受情绪影响时的期望价格，即 $P_1 > P_1^R$（因为 $\rho > 1$）。反之，如果情绪投资者收到负向私人信号 $s_1 < 0$，并且受看跌情绪影响而得到的资产预期价格要小于不受情绪影响的预期价格，即 $P_1 < P_1^R$。受情绪影响的预期资产价格如图 3－1 所示。

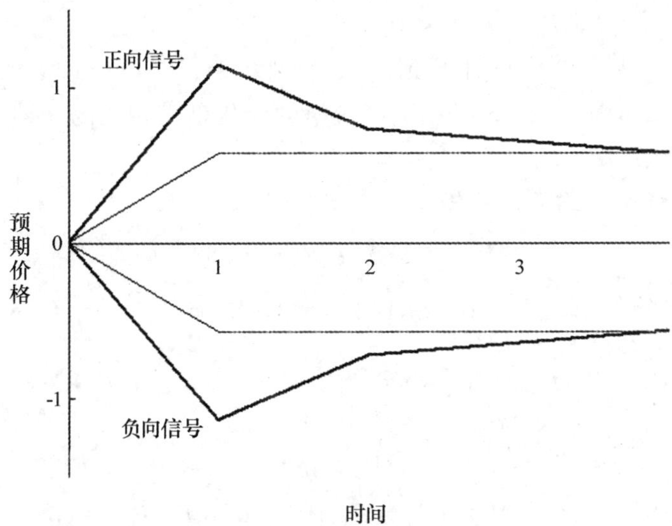

图 3－1　投资者情绪与市场反应

图 3－1 中的上下粗线代表有信息情绪投资者在 $t=1$ 时刻收到正向（上线）或负向（下线）私人信号之后资产预期价格的变化，细线为不受情绪影响的理性预期价格变动。

二　基于模型对异常现象的解释

（一）反应过度和反应不足

当有信息投资者在 $t=1$ 时刻收到私人信号 $s_1 = \theta + \varepsilon$ 之后，由于受情绪的影响而导致资产价格对新信息反应过度，在 $t=2$ 时刻由于公共信号的显现而使得偏离的资产价格得到了部分的修正，越来越接近理性的资产价格。称资产预期价格达到最高（或最低）状态之前的情绪冲击为反应过度，之后为价格修正阶段。对新信息的反应过度和随后资产价格的修正表明，在 $t=1$ 和 $t=2$ 时刻资产价格变化的协方差应该为负。即

$$\operatorname{cov}(P_2 - P_1, P_1 - P_0) < 0$$

再者，由于在 $t=2$ 时刻公共信号的出现部分修正了对私人信号的反应过度，并在 $t=3$ 时刻，反应过度得到完全的修正，因此在长期内表现出资产价格的变化反转。即

$$\operatorname{cov}(P_3 - P_1, P_1 - P_0) < 0$$

最后，从 $t=2$ 时刻开始到 $t=3$ 时刻结束，对反应过度的持续修正导致 $t=2$ 时刻和 $t=3$ 时刻资产价格的变化是正相关的。即

$$\operatorname{cov}(P_3 - P_2, P_2 - P_1) > 0$$

利用资产的均衡价格模型计算得：

$$\operatorname{cov}(P_2 - P_1, P_1 - P_0) = \operatorname{cov}(P_2, P_1) - \operatorname{cov}(P_1, P_1)$$

$$= \frac{\sigma_\theta^6 \sigma_\varepsilon^2 \rho(1-\rho)}{D(\sigma_\theta^2 + \sigma_\varepsilon^2)} < 0 \text{（由于} \rho > 1 \text{）}$$

$$\operatorname{cov}(P_3 - P_1, P_1 - P_0) = \operatorname{cov}(P_3, P_1) - \operatorname{cov}(P_1, P_1)$$

$$= \frac{\sigma_\theta^4}{\sigma_\theta^2 + \sigma_\varepsilon^2}\rho(1-\rho) < 0$$

$$\operatorname{cov}(P_3 - P_2, P_2 - P_1) = \operatorname{cov}(P_3, P_2) - \operatorname{cov}(P_3, P_1) - \operatorname{cov}(P_2, P_2) + \operatorname{cov}(P_2, P_1)$$

$$= \frac{\sigma_\theta^6 \sigma_\varepsilon^2 \sigma_\eta^2 (\sigma_\theta^2 + \sigma_\varepsilon^2)}{D^2(\sigma_\theta^2 + \sigma_\varepsilon^2)}(1-\rho)^2 > 0$$

显然，通过模型计算的结果与上述分析的结论相一致，由此可得下面的结论 1。

结论 1：如果有信息投资者为情绪投资者，则

（1）在私人信号到达及到达之后资产价格的变动方向（短期或者长期）相反。即在 $t=1$ 和 $t=2$ 时刻资产的收益负相关；在 $t=1$ 和 $t=3$ 时刻资产的收益负相关。

（2）在公共信号到达及到达之后资产价格的变动方向相同。即在 $t=2$ 和 $t=3$ 时刻资产的收益正相关。

总之，如果有信息投资者在 $t=1$ 时刻收到正向信号后，由于受

看涨情绪的影响而导致资产的价格上涨，从而短期内表现为资产的收益率上升，但随后公开信号的进一步显现，使得资产的预期价格更接近于理性的价格预期，从而导致长期资产的收益率下降，说明投资者情绪对长期的市场收益具有反向影响（长期收益反转）。这与国内外的实证研究结论一致。

（二）过度波动

由于情绪投资者的存在导致资产价格在 $t=1$ 时刻偏离基础价值，并且 ρ 越大，价格偏离基础价值的程度越严重，从而导致资产价格在 $t=1$ 时刻的过度波动。由于情绪投资者低估公共信号，从而减小了在 $t=2$ 时刻资产的价格波动。然而，在 $t=1$ 时刻价格偏离基础价值，为 $t=2$ 及 $t=3$ 时刻提供了较大的价格修正空间。因此，情绪投资者的存在可能增加也可能降低收到公共信号时资产的价格波动，从而得到下面的结论 2。

结论 2：当收到私人信号时，情绪投资者的存在会增加资产价格的波动性；在收到公开信号时，情绪投资者的存在可能增加也可能减小资产价格的波动性。

证明：由 $\text{var}(P_1 - P_0) = \dfrac{\sigma_\theta^4}{\sigma_\theta^2 + \sigma_\varepsilon^2}\rho^2$ 可知，当其他参数不变时，ρ 越大，$\text{var}(P_1 - P_0)$ 越大，说明情绪投资者的存在会导致短期资产价格波动变大，并且有信息投资者的情绪越严重，资产价格波动就越大。由于个体投资者在投资决策时更易受情绪的影响，如果市场中散户投资者的比例越高，市场的波动性也就越大，这与基于异质投资者的资产定价模型结论一致。

本节建立了具有固定情绪影响系数 ρ 的简单资产定价模型，获得结果如下：

（1）情绪投资者的存在与私人信号到达及到达之后资产的收益（短期或者长期）负相关，而与公共信号到达及到达之后资产的收益正相关，论证了投资者情绪对长期市场收益具有反向影响。

（2）情绪投资者的存在导致短期资产价格波动变大。即投资者的情绪越严重，资产价格波动就越大。

第四节　基于投资结果的情绪资产均衡价格模型

在简单的情绪资产价格模型中假定情绪影响系数 ρ 在投资过程中固定不变，然而实证研究表明，投资者的行为及产生的投资结果会进一步影响投资者的情绪。一个有信息投资者起初并不一定是情绪交易者，如果随后收到的公共信号恰好能证实他的投资是正确的（即在收到正向公共信号之前恰好买入，在收到负向信号之前恰好卖出）将会加重他的投资情绪。反之，投资者情绪则保持不变。因此，随后公共信号的出现可能会增长投资者的情绪，加强对私人信息的过度反应，并且持续的过度反应会导致在过度反应阶段（称资产预期价格达到最高或最低状态之前的情绪冲击为过度反应，称之后价格回归基础价值为价格修正阶段）资产的正收益。但由于公共信号的不断出现而最终使得资产的价格必须与基本价值相吻合，因此过度反应在长期内将得到逐渐修正，导致随后的资产平均收益率比较低。基于以上分析，下面建立基于投资结果的情绪资产价格模型，分析投资者情绪对不同时期资产价格的影响，并以此解释金融市场上所存在的一些异常现象。

一　基于投资结果的情绪资产均衡价格模型

设有信息投资者在 $t=1$ 时刻收到有关证券基础价值的含噪声私人信号 $s_1 = \theta + \varepsilon$，有信息投资者在 $t=1$ 时刻不一定为情绪交易者。为了便于分析，假定在 $t=2$ 时刻公共信号 s_2 的取值为 1（利好消息）或 -1（利空消息），在 $t=2$ 时刻投资者对前一期收到的私人信号所产生的情绪冲击依赖于显现的公共信号 s_2。

若 $\text{sign}(\theta+\varepsilon) = \text{sign}(s_2)$，表明在 $t=2$ 时刻投资者的情绪加重，情绪投资者会把私人信号放大为 $k\rho s_1$，其中 $1 < k < \rho$。

若 $\text{sign}(\theta+\varepsilon) \neq \text{sign}(s_2)$，表明投资者的情绪在 $t=2$ 时刻保持不变。利用正态分布的性质，在 $t=1$ 时刻资产的均衡价格为：

$$P_1 = E_\rho(\theta \mid \theta+\varepsilon) = \frac{\sigma_\theta^2}{\sigma_\theta^2+\sigma_\varepsilon^2}\rho(\theta+\varepsilon) \tag{3-4}$$

下面讨论在 $t=2$ 时刻资产的均衡价格。

若 sign（$\theta+\varepsilon$）$\neq$sign（s_2），投资者的情绪保持不变，此时的公共信号认为是无信息的，从而在 $t=2$ 时刻资产价格保持不变。

若 sign（$\theta+\varepsilon$）= sign（s_2），新的情绪影响系数为 $k\rho$，从而得到 $t=2$ 时刻资产的均衡价格为：

$$P_{2C}=\frac{\sigma_\theta^2}{\sigma_\theta^2+\sigma_\varepsilon^2}k\rho(\theta+\varepsilon) \tag{3-5}$$

设投资者收到的公共信号为纯噪音信号并且假定：

$$P\{s_2=1\}=P\{s_2=-1\}=\frac{1}{2}$$

从而在 $t=2$ 时刻资产价格发生变化的概率为 $\frac{1}{2}$。

由公式（3-4）（3-5）得：

$$\mathrm{cov}(P_2-P_1,P_1-P_0)=E_{S_2}\{E[(P_2-P_1)(P_1-P_0)\mid S_2]\}$$
$$=P\{S_2=1\}E[(P_2-P_1)(P_1-P_0)\mid S_2=1]$$
$$=\frac{1}{2}E[(P_{2C}-P_1)(P_1-P_0)]$$
$$=\frac{1}{2}\cdot\frac{\sigma_\theta^4}{\sigma_\theta^2+\sigma_\varepsilon^2}\rho^2(k-1)>0\ (k>1)$$
$$\mathrm{cov}(P_3-P_2,P_2-P_1)=E_{S_2}\{E[(P_3-P_2)(P_2-P_1)\mid S_2]\}$$
$$=P\{S_2=1\}E[(P_3-P_2)(P_2-P_1)\mid S_2=1]$$
$$=\frac{1}{2}E[(P_3-P_{2C})(P_{2C}-P_1)]$$
$$=\frac{1}{2}\cdot\frac{\sigma_\theta^4}{\sigma_\theta^2+\sigma_\varepsilon^2}\rho(k-1)(1-k\rho)<0\ (1<k<\rho)$$
$$\mathrm{cov}(P_3-P_1,P_1-P_0)=E[(P_3-P_1)(P_1-P_0)]$$
$$=\frac{\sigma_\theta^4}{\sigma_\theta^2+\sigma_\varepsilon^2}\rho(1-\rho)<0\ (\rho>1)$$

由 $\mathrm{cov}(P_2-P_1,P_1-P_0)>0$，表明当投资者情绪受随后显现的公共信号的影响时，资产收益短期内表现为正相关。

由 $\mathrm{cov}(P_3-P_2,P_2-P_1)<0$，$\mathrm{cov}(P_3-P_1,P_1-P_0)<0$，表明资产价格的过度反应在长期内反转，即资产收益长期内负相关。

直观上，噪音公共信号的到达最终会使得资产价格接近于基础价值，因此在价格修正阶段，资产价格的变化应呈现正相关。为了便于分析资产价格的变化过程，在 $t=2$、3 时刻之间增加了 $t=3'$ 时刻。此时收到的公共信号为 $\theta+\eta$，其中 $\eta\sim N(0,\sigma_{\eta}^{2})$ 并与其他变量相互独立，假定投资者情绪在 $t=3'$ 时刻不再受公共信号的影响。

若在 $t=2$ 时刻投资者的情绪保持不变（即 $\mathrm{sign}(\theta+\varepsilon)\neq\mathrm{sign}(s_2)$），则 $t=3'$ 时刻资产价格为：

$$P_{3'}=\frac{\sigma_{\theta}^{2}\sigma_{\varepsilon}^{2}}{D}(\theta+\eta)+\frac{\sigma_{\theta}^{2}\sigma_{\eta}^{2}}{D}\rho(\theta+\varepsilon) \tag{3-6}$$

若在 $t=2$ 时刻投资者的情绪加重（即 $\mathrm{sign}(\theta+\varepsilon)=\mathrm{sign}(s_2)$），则 $t=3'$ 时刻资产价格为：

$$P_{3'}=\frac{\sigma_{\theta}^{2}\sigma_{\varepsilon}^{2}}{D}(\theta+\eta)+\frac{\sigma_{\theta}^{2}\sigma_{\eta}^{2}}{D}k\rho(\theta+\varepsilon) \tag{3-7}$$

其中，$D=\sigma_{\theta}^{2}(\sigma_{\varepsilon}^{2}+\sigma_{\eta}^{2})+\sigma_{\varepsilon}^{2}\sigma_{\eta}^{2}$

给定相应参数取值，可以得到受情绪影响的资产价格变化（见图 3-2）。

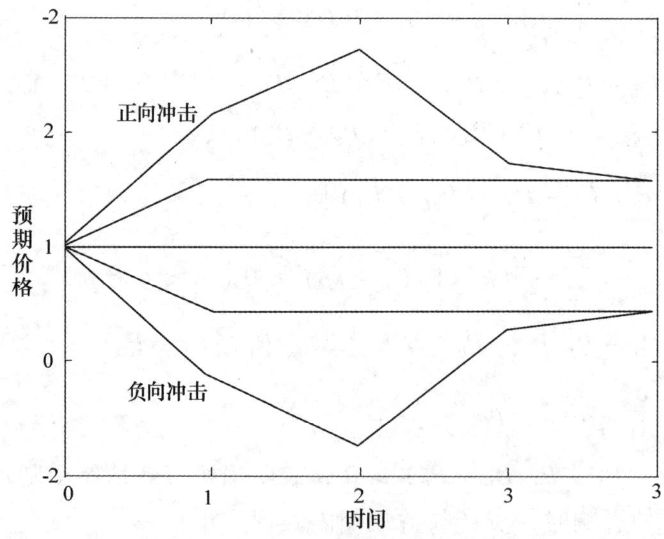

图 3-2　基于结果的情绪与市场反应

图 3-2 中的上下线代表有信息交易者在 $t=1$ 时刻收到正向（上

线）或负向（下线）私人信号之后，由于情绪变化所导致的资产预期价格变化，中间两条线代表不受情绪影响的理性预期价格变动。

由公式（3－4）（3－5）（3－6）（3－7）得：

$$\mathrm{cov}(P_3 - P_{3'}, P_{3'} - P_2) = E_{S_2}\{E[(P_3 - P_{3'})(P_{3'} - P_2) \mid S_2]\}$$

$$= \frac{1}{2} \cdot \frac{\sigma_\theta^6 \sigma_\eta^2 \sigma_\varepsilon^2}{D^2}[(k\rho - 1)^2 + (\rho - 1)^2] > 0$$

表明资产价格变化在价格修正阶段是正相关的。

综上分析可得下面的结论：若投资者情绪在投资过程中发生改变（即投资者情绪的变化依赖于随后显现的公共信号或投资结果）且过度反应和价格修正阶段是逐渐的，则股票的价格变化表现出短期的动量效应（短期收益正相关）和长期反转（长期收益负相关）。总之，如果有信息投资者收到噪音信号，从初期到第 1 期的短期价格波动会在第 1 期和第 2 期继续，尽管在较长的时间间隔内，价格回到基础价值上，两期的收益存在负相关关系，表现为情绪对短期市场收益的动量效应和长期的反向影响，与实证结果相吻合。Jegadeesh 和 Titman（1993）认为，动量效应的出现是由于市场对新信息的反应缓慢导致的，但该模型给出了不同解释，即动量效应的出现并不是因为市场对新信息的反应缓慢，而是由于市场最初对新信息的过度反应，随后公共信息的出现加强了投资者对私人信息的过度反应。另外，基于结果的情绪资产定价模型与正反馈交易模型得出的结论一致，都表现为短期收益正相关并最终向平均值靠拢。

二　基于投资结果的认知风险和认知收益

衡量证券投资风险的因素主要包括证券亏损的概率、可能损失的数量、收益的不确定性等方面，下面以亏损概率作为投资风险的度量方式。

设某种证券的初始价格为 P_0（$P_0 > 0$），在 $t = 1$ 时刻基于有信息投资者情绪的均衡价格为 P_1，为便于计算，假定 $\bar{\theta} = 0$，则亏损概率为：

$$P\{P_1 < P_0\}$$

利用式（3-2），通过计算得出：

$$P\{P_1 < P_0\} = P\{\frac{\sigma_\theta^2}{\sigma_\theta^2+\sigma_\varepsilon^2}\rho(\theta+\varepsilon) < P_0\}$$

$$= P\{(\theta+\varepsilon) < P_0 \cdot \frac{(\sigma_\theta^2+\sigma_\varepsilon^2)}{\rho\sigma_\theta^2}\}$$

$$= P\{\frac{(\theta+\varepsilon)}{\sqrt{(\sigma_\theta^2+\sigma_\varepsilon^2)}} < P_0 \cdot \frac{\sqrt{(\sigma_\theta^2+\sigma_\varepsilon^2)}}{\rho\sigma_\theta^2}\} \quad (3-8)$$

由于 $\frac{(\theta+\varepsilon)}{\sqrt{(\sigma_\theta^2+\sigma_\varepsilon^2)}}$ 服从标准正态分布，所以式（3-8）可用标准正态分布函数 Φ 表示，即亏损概率为：

$$P\{P_1 < P_0\} = \Phi(P_0 \cdot \frac{\sqrt{(\sigma_\theta^2+\sigma_\varepsilon^2)}}{\rho\sigma_\theta^2}) \quad (3-9)$$

在 $t=2$ 时刻受投资结果影响的情绪均衡价格为 P_{2C}，亏损概率为：

$$P\{P_{2c} < P_0\} = P\{\frac{\sigma_\theta^2}{\sigma_\theta^2+\sigma_\varepsilon^2}k\rho(\theta+\varepsilon) < P_0\}$$

$$= P\{\frac{(\theta+\varepsilon)}{\sqrt{(\sigma_\theta^2+\sigma_\varepsilon^2)}} < P_0 \cdot \frac{\sqrt{(\sigma_\theta^2+\sigma_\varepsilon^2)}}{k\rho\sigma_\theta^2}\}$$

$$= \Phi(P_0 \cdot \frac{\sqrt{(\sigma_\theta^2+\sigma_\varepsilon^2)}}{k\rho\sigma_\theta^2}) \quad (3-10)$$

由于 Φ 是单调递增函数，所以当 $k>1$ 时

$$\Phi(P_0 \cdot \frac{\sqrt{(\sigma_\theta^2+\sigma_\varepsilon^2)}}{k\rho\sigma_\theta^2}) < \Phi(P_0 \cdot \frac{\sqrt{(\sigma_\theta^2+\sigma_\varepsilon^2)}}{\rho\sigma_\theta^2})$$

由式（3-9）（3-10）可知，当投资者情绪受投资结果的影响进一步加重时，认知风险——亏损概率会降低。

在 $t=1$ 时刻基于投资者情绪的均衡价格认知期望价值为：

$$EP_1 = \bar{\theta} + \frac{\sigma_\theta^2}{\sigma_\theta^2+\sigma_\varepsilon^2}(\rho-1)\bar{\theta}\ (\rho>1) \quad (3-11)$$

在 $t=2$ 时刻受投资结果影响的情绪均衡价格认知期望价值为：

$$EP_{2C} = \bar{\theta} + \frac{\sigma_\theta^2}{\sigma_\theta^2+\sigma_\varepsilon^2}(k\rho-1)\bar{\theta}\ (1<k<\rho) \quad (3-12)$$

由式（3－11）（3－12）可知，当 $\bar{\theta}>0$ 时，$EP_{2C}>EP_1$（$k\rho>\rho>1$），表明当投资者情绪受投资结果的影响进一步加重时，认知的收益会增大。由此可得出下面的结论：

当未来风险证券平均值 $\bar{\theta}>0$，并且其他参数保持不变的情况下，若投资者情绪受投资结果的影响进一步加重，则认知风险会降低，认知的收益反而会增大。与标准金融理论中风险和收益正相关的结论相反，与 Shefrin（2001）通过金融实验得出的认知风险与认知期望收益为负相关的实证结论一致。

三　基于模型解释一些金融现象

利用基于投资结果的情绪资产定价模型可以解释如下金融异象。

（一）资产价格泡沫

利用基于结果的情绪资产定价模型可以解释金融市场上的价格泡沫现象。泡沫是资产价格偏离其基础价值的现象，泡沫本身是一种资产价格行为，因此要解释泡沫现象就要分析资产价格形成的过程。绝大多数的价格泡沫都是从利好消息开始的，当有信息投资者收到关于证券的私人利好信息时，导致资产的价格短期内上涨，公司领导抓住机会迎合公众的需求。例如，大量发行新股，从而整个市场表现出利好的现象，势必会加重投资者的看涨情绪，大量购买已大幅上扬的股票，导致资产的价格进一步上涨。随着公开信号的不断出现，最终股票的价格会回到基础价值水平上，持有大量证券的情绪投资者损失惨重，资产价格泡沫破灭。

（二）小市值股票更易受投资者情绪的影响

国内外的实证研究表明，小市值型股票价格更易受投资者情绪的影响。因为小市值公司相对于大市值公司估值困难，受分析师关注的程度低，基本面信息流动相对较差，并且更易受套利的限制，从而对新信息的反馈较慢。短期内市场反馈信息的不确定性，在一定程度上加重了投资者的市场情绪，导致资产的价格更大地偏离基础价值，从而表现为小市值股票的价格波动更大，受投资者情绪的影响更深。

第五节　小结

在经典的资产定价理论中，只要金融市场是完全竞争的，不存在套利机会，即使存在不确定性，投资者也只需要确定随机贴现因子(SDF)。如果估计出金融产品的未来现金流，通过对SDF进行合理估值就可以准确地得到金融产品的价格。但传统的资产定价理论无法解释股票溢价之谜、无风险利率之谜等金融异象，表明传统资产定价理论存在严重的缺陷。

为了解释股票溢价之谜和无风险利率之谜等金融异象，金融学家发展出了行为资产定价理论，并获得了巨大的成功，成为近年来金融学中最活跃的研究领域。行为资产定价理论的成功之处在于可以保持随机贴现因子模型的形式不变，对随机贴现因子进行进一步的挖掘，从而能够将CCAMP和均值—方差等理论分析包括进来，保证理论发展的延续性，保持金融学的框架不变。

行为资产定价模型的建立虽然能够有效地解释金融市场上的反应过度、反应不足、短期收益的动量和长期收益反转等金融现象。但建模时必须考虑投资者产生错误的心理基础，人的心理和行为的复杂性使得建模相当困难，并且具有一定的局限性。而投资者情绪是反映投资者的投资意愿或预期的市场人气指标，是影响资本资产定价的一个因子。目前，国内外研究者通过实证检验发现，投资者的市场情绪和股票收益率之间具有相关性，并且发现估值受主观影响较大，很难套利的股票更易受投资者情绪的影响。韩立岩等人以中国市场作为样本，检验了情绪对市场收益的影响，利用投资者情绪解释中国封闭式基金折价和IPOs抑价等金融异象，论证了投资者情绪是资产定价的重要因素。目前的实证研究大都表明投资者情绪对资产定价有一定的影响，但很少直接把投资者情绪因素引入模型中，建立基于投资者情绪的资产定价模型，分析投资者情绪如何影响资产价格，并从理论上解释一些异常现象。

基于以上考虑，本章继续沿用DHS模型的研究框架，首先建立了具有固定情绪影响系数ρ的简单资产定价模型，利用模型能够解释投资者情绪对长期市场收益的反向影响及反应过度和反应不足等异常现象，并且情绪投资者的存在是导致短期资产价格波动变大的因素。即投资者的情绪越严重，资产价格波动就越大。实证研究表明，投资者的行为及随后的投资结果都会进一步影响投资者的市场情绪，导致投资者不同时期的情绪可能会发生变化。通过引入不同时期的情绪系数建立了基于结果的情绪资产定价模型，分析了投资者情绪对资产定价的影响；从理论上论证了情绪对短期市场收益的正向影响和长期市场收益的反向影响，并且解释了资产价格泡沫现象及小市值股票更易受投资者情绪影响的实证结论；有助于推进行为资产定价理论的发展，完善行为金融理论体系，理解证券市场内在的价格运行规律，并对监管层把握市场运行规律，实施有效的证券监管具有一定的理论价值和指导作用。

第四章　基于情绪的认知风险度量

第一节　风险度量

证券风险是指未来证券价格或收益的不确定性或波动性，是对风险进行的定量分析和评估。证券投资风险度量是证券风险管理的基础和核心，也是现代金融理论所研究的重要内容之一。科学的证券风险度量方法，可以作为投资者进行投资买卖决策的参考。

一　传统的风险度量方法

多年来，国内外有很多金融学家对证券投资风险度量方法和度量指标进行了大量的研究。作为现代投资理论奠基人的 Markowitz（1952）开创性地提出以证券投资收益率的方差来度量证券风险，并证明了风险和收益的均衡关系，指出单一证券的风险取决于它与其他证券的相关性，提出用资产收益的期望来度量预期收益，用标准差来度量风险的思想，将风险定量化，为金融风险的研究开辟了一条新的思路。他首次在此基础上研究了证券资产的投资组合问题，并引用了系统风险和非系统风险的概念，给出了一定预期收益率水平下使投资风险达到最小化的最优投资组合计算方法，即理性投资者在投资决策时总是追求在一定风险下获取最大收益或在一定收益下承受最小风险。Sharpe（1964）在 Markowitz 提出将方差作为风险度量的基础上提出了 β 系数方法，即用 β 值（单个证券相对于整个证券市场的易变程度）度量单个证券投资的系统风险，β 值较方差有明显的优点，可以方便地区分系统风险和非系统风险，并且使得风险计算有了参照点，明晰了风险的程度。考虑到方差的时变性，Engle 等（1982）提出了 ARCH 模型；Bollerslev（1986）将其发展成广义的 ARCH 模型（GARCH）。ARCH 模型具有良好的特性，即持续的方差和处理厚尾的能力，能较好地描述股价等金融变量的波动特征。由于证券组合的收益变化是随机变量，根据统计学理论，随机变量的特性应该采用随机变量的概率分布来描述，而不只是用标准差。因此，证券组合的市场风险可用一定概率水平下的可能损失程度来度量，从而引入了 VaR（Value at Risk）方法。VaR 是指在一定水平下的证券组合在未来一段时间内的最大可能损失，其优点在于能测量风险的综合性，可以将不同市场因子，不同市场的风险集成一个数，比较准确地测量出由于不同风险来源及其相互作用所造成的潜在损失，能较好地适应全球金融市场发展的动态性、复杂性和全球整合性趋势。另外，还有在方差度量风险基础上改进的一些方法（平均绝对偏差法、下偏距方法）和 Hurst 指数方法。[①] 随着人们对实践认识的提高，学术界还提出了广义随机占优一致性风险度量方法。

尽管方差风险度量、β 系数风险度量和 VaR 风险度量在证券投资领域有着广泛的应用，但它们在某种程度上仅仅考虑了证券投资风险的某一个方面，对证券投资风险的度量有着一定的缺陷，方差风险度量、β 系数风险度量和 VaR 风险度量方法具有单纯依赖证券投资的历史数据和可能造成损失的客观概率的一些风险统计特征，并没有能够体现投资者的投资心理特征和现实世界中投资者的有限理性特点，因此，这些标准金融框架下的风险度量方法，并不能够对投资者起到全面风险管理和投资决策的作用。

二 认知风险度量

证券投资认知风险（perceived risk）是行为金融理论度量证券投资风险区别于传统金融学中度量证券投资风险的一个基本概念，所谓认知风险就是将投资者的认知偏差心理纳入证券投资的风险度量中，以体现投资者的心理偏差对证券投资风险的决定作用，弥补传统金融

① Hurst 指数是一个衡量市场非有效性的重要指标，可用于市场预测。

学度量证券投资风险的一些缺陷。近年来，国内外学者对此进行了大量研究，并得到了许多认知风险度量方法。其中，Shefrin 和 Statman 通过考虑噪音交易者和信息交易者两类交易者的情况，建立了行为资产定价模型，并提出了用行为 β 系数来度量证券的投资风险，但如何计算行为 β 系数是阻碍行为资产定价模型应用的最大缺陷。Shefrin (2001) 最早利用定性方法开展了对证券认知风险的研究，他将投资者对证券的认知风险划分为 0—10 个度量单位，其中 0 表示无风险，10 表示认知风险最大，并进一步利用金融实验的方法对证券的认知风险和认知期望收益关系进行了研究，实验结果证明：证券的认知风险与认知期望收益呈现负相关关系，并非由 CAPM 模型所确定的正相关关系。近年来，国内研究者开始把投资者过度自信的心理纳入证券投资的风险度量中，并提出了几种含有过度自信心理的风险度量方法，对投资者的认知风险给出了一种定量描述。通过建立含有过度自信心理的认知风险和认知收益模型得到了认知风险与认知收益负相关的结论，与标准金融理论中风险和收益的正相关关系相反。为了更深入地研究过度自信心理特征对证券投资认知风险和认知收益的影响，通过考虑不同类型投资者之间的相互作用，建立了基于过度自信的市场认知风险并讨论了理性和非理性认知风险的偏离问题。

由于投资者的心理比较复杂，基于某种心理建立起来的认知风险和认知收益模型具有一定的局限性。本章基于投资者情绪的资产均衡价格模型将投资者的总体市场情绪直接纳入证券的风险度量中，通过建立基于情绪的认知风险和认知收益模型来分析认知风险和认知收益与投资者情绪之间的关系，并讨论认知风险和认知收益是否仍然具有负相关关系。通过考虑不同类型投资者之间的相互作用，研究证券投资市场认知风险和市场认知收益的形成，非理性认知风险、非理性认知收益相对于市场认知风险、市场认知收益的偏离问题，进一步揭示证券市场中不同类型投资者对认知风险和认知收益的差异，分析投资者情绪对认知风险和认知收益差异形成的作用。

第二节　基于情绪的认知风险度量和认知收益

一　基于情绪的资产均衡价格模型

依据 DHS（1998）对投资者类型的划分，将投资者划分为有信息和无信息投资者，并且假定有信息投资者是风险中性，无信息投资者为风险厌恶。当有信息投资者收到私人信息时由于受投资者情绪的影响会对信号产生一个冲击，即对正向信号产生正的冲击，对负向信号产生负的冲击。

设风险证券的终值 $\theta \sim N(\bar{\theta},\sigma_\theta^2)$，有信息投资者收到有关证券基础价值的含噪声私人信息 $s_1 = \theta + \varepsilon$，其中误差项 $\varepsilon \sim N(0,\sigma_\varepsilon^2)$。由于有信息投资者受情绪影响，会把信号 s_1 放大为 ρs_1（$\rho > 1$），其中 ρ 为情绪影响系数，并且 ρ 越大，代表投资者的情绪越严重。利用有信息情绪投资者的风险中性以及正态分布特性，可得出当情绪投资者收到私人信息 s_1 时的资产均衡价格为：

$$P^C = E_\rho(\theta|\theta + \varepsilon) = \bar{\theta} + \frac{\sigma_\theta^2}{\sigma_\theta^2 + \sigma_\varepsilon^2}(\rho(\theta + \varepsilon) - \bar{\theta}) \tag{4-1}$$

其中 E_ρ 表示基于有信息投资者情绪的期望算子，当 $\rho = 1$ 时，表示有信息投资者为不受情绪影响的理性交易者，其均衡价格为：

$$P^R = E(\theta|\theta + \varepsilon) = \bar{\theta} + \frac{\sigma_\theta^2}{\sigma_\theta^2 + \sigma_\varepsilon^2}((\theta + \varepsilon) - \bar{\theta}) \tag{4-2}$$

当 $\bar{\theta} = 0$ 时，公式（4-1）（4-2）变为如下形式：

$$P^C = E_\rho(\theta|\theta + \varepsilon) = \frac{\sigma_\theta^2}{\sigma_\theta^2 + \sigma_\varepsilon^2}\rho(\theta + \varepsilon) \tag{4-3}$$

$$P^R = E(\theta|\theta + \varepsilon) = \frac{\sigma_\theta^2}{\sigma_\theta^2 + \sigma_\varepsilon^2}(\theta + \varepsilon) \tag{4-4}$$

二　基于情绪的认知风险度量

证券投资风险主要包括证券亏损的概率、可能亏损的数量、收益的不确定性等方面。下面主要给出基于投资者情绪的两种风险度量方式：亏损概率和期望损失。

（一）基于情绪的亏损概率

亏损概率是投资者买卖某种风险资产后亏损可能性的大小。一般来说，当投资者的亏损概率越大，则投资者面临的风险也就越大。下面基于投资者情绪的资产均衡价格模型计算套利者的亏损概率，并分析投资者情绪对亏损概率的影响。

设证券的初始价格为 P_0（$P_0>0$），基于有信息投资者情绪的均衡价格为 P^C，为不失一般性，我们假定 $\bar{\theta}=0$（当 $\bar{\theta}\neq 0$ 但与 P_0 相差不大时下面结论仍然成立），则投资者在初始时刻买入证券的亏损概率为风险资产的终值小于初值的概率，即

$$P\{P^C<P_0\} \tag{4-5}$$

利用公式（4-3），通过计算得出：

$$P\{P^C<P_0\}=P\{\frac{\sigma_\theta^2}{\sigma_\theta^2+\sigma_\varepsilon^2}\rho(\theta+\varepsilon)<P_0\}$$

$$=P\{(\theta+\varepsilon)<P_0\cdot\frac{(\sigma_\theta^2+\sigma_\varepsilon^2)}{\rho\sigma_\theta^2}\}$$

$$=P\{\frac{(\theta+\varepsilon)}{\sqrt{(\sigma_\theta^2+\sigma_\varepsilon^2)}}<P_0\cdot\frac{\sqrt{(\sigma_\theta^2+\sigma_\varepsilon^2)}}{\rho\sigma_\theta^2}\}$$

由于 $\frac{(\theta+\varepsilon)}{\sqrt{(\sigma_\theta^2+\sigma_\varepsilon^2)}}$ 服从标准正态分布，亏损概率可用标准正态分布函数 Φ 表示，即

$$P\{P^C<P_0\}=\Phi(P_0\cdot\frac{\sqrt{(\sigma_\theta^2+\sigma_\varepsilon^2)}}{\rho\sigma_\theta^2}) \tag{4-6}$$

由于 Φ 是单调递增函数，由公式（4-6）可知：当其他参数不变时，ρ 越大，$P_0\cdot\frac{\sqrt{(\sigma_\theta^2+\sigma_\varepsilon^2)}}{\rho\sigma_\theta^2}$ 越小（$P_0>0$），则套利者的亏损概率 $P\{P^C<P_0\}$ 越小。由此可得投资者情绪与亏损概率之间的关系。

性质1：投资者的亏损概率与情绪影响系数 ρ 有关，并且当其他参数不变时，投资者的情绪越严重（ρ 越大），有信息投资者的认知风险——亏损概率就越小。

（二）基于情绪的期望损失

假设风险证券的初始价格为 P_0，为不失一般性，规定 $\bar{\theta}=0$，相对于初始价格 P_0，将含有投资者情绪的认知风险——期望损失定义为：

$$V_-^C = E[\max(0,P_0 - P^C)] = E(P^C - P_0)_- \tag{4-7}$$

实际上，式（4－7）表示情绪投资者在购买证券后的平均损失大小。经过简单计算得：

$$V_-^C = E(P^C - P_0)_- = \int_0^{P_0} F^C(x)dx \tag{4-8}$$

其中 $F(x)$ 为基于投资者情绪的资产均衡价格 P^C 的分布函数，即

$$F^C(x) = P\{P^C < x\} = \Phi\left(\frac{\sqrt{(\sigma_\theta^2 + \sigma_\varepsilon^2)}}{\rho\sigma_\theta^2}x\right)\ (x>0) \tag{4-9}$$

由式（4－8）（4－9）可得：当 ρ 越大，$F(x)$（x＞0）越小，则投资者的期望损失 V_-^C 越小，由此可得投资者情绪与期望损失之间的关系。

性质2：投资者的期望损失与情绪影响系数 ρ 有关，当其他参数不变时，投资者的情绪越严重（ρ 越大），有信息投资者的认知风险——期望损失就越小。

总之，由性质1和性质2可知：投资者的认知风险与投资者情绪有关，当其他参数不变时，投资者的情绪越严重（ρ 越大），投资者所面临的认知风险就越小，表现为投资者情绪影响系数 ρ 与认知风险呈负相关关系。

三　基于情绪的认知期望价值

由式（4－1）可得基于投资者情绪的均衡价格认知期望价值：

$$EP^C = \bar{\theta} + \frac{\sigma_\theta^2}{\sigma_\theta^2 + \sigma_\varepsilon^2}(\rho - 1)\bar{\theta}\ (\rho > 1) \tag{4-10}$$

利用公式（4－10）可以证明：

$$\frac{\partial EP^C}{\partial \rho} = \frac{\sigma_\theta^2}{\sigma_\theta^2 + \sigma_\varepsilon^2}\bar{\theta}$$

当 $\bar{\theta}>0$ 时，$\frac{\partial EP^C}{\partial \rho}>0$

表明当未来风险证券的平均值 $\bar{\theta}>0$ 时，认知期望价值 EP^C 与情绪影响系数 ρ 有关并且呈正相关关系，由此可得下面的性质：

性质 3：在未来风险证券平均值 $\bar{\theta}>0$，并且其他参数保持不变时，认知期望价值 EP^C 与情绪影响系数 ρ 呈正相关关系，即投资者的情绪越严重（ρ 越大），认知的期望价值就越大。

四　认知风险与认知收益的关系

由性质 1、性质 2 可知，投资者的认知风险与情绪影响系数 ρ 有关，当其他参数不变时，情绪影响系数 ρ 与认知风险呈负相关关系，即投资者的情绪越严重（ρ 越大），认知风险就越小。由性质 3 可知，投资者的认知收益与情绪影响系数 ρ 也有关系，当其他参数不变时，情绪影响系数 ρ 与认知收益呈正相关关系，即投资者的情绪越严重（ρ 越大），认知收益就越大。综上分析，我们得到如下结论：

命题：设风险证券的初始价格 $P_0>0$，未来风险证券平均值 $\bar{\theta}>0$，当其他参数不变时，基于投资者情绪的认知风险与认知收益呈负相关关系。

第三节　基于情绪的市场认知风险和市场认知收益

一　基于情绪的市场认知风险

公式（4-7）（4-8）给出了含有投资者情绪的认知风险——期望损失的定义，类似于公式（4-8），将理性投资者的认知风险定义为：

$$V_-^R=E(P^R-P_0)_-=\int_0^{P_0}F^R(x)\,dx \tag{4-11}$$

其中，$F^R(x)$ 为理性资产均衡价格 P^R 的分布函数，即

$$F^R(x)=P\{P^R<x\}=\Phi\left(\frac{\sqrt{(\sigma_\theta^2+\sigma_\varepsilon^2)}}{\sigma_\theta^2}x\right)\ (x>0) \tag{4-12}$$

由于 Φ 是单调递增的函数，当 $\rho>1$ 时，通过比较式（4-9）（4-12）得：

$F^{C}(x)<F^{R}(x)$

再由式（4-8）（4-11）得：

$V_{-}^{C}<V_{-}^{R}$

因此，对于同一种证券，不同类型的投资者具有不同的认知风险，而情绪投资者相对于理性投资者而言会过低估计证券投资的认知风险。

所谓市场认知风险是指由理性投资者和非理性投资者之间的相互作用所形成的证券投资认知风险。假定非理性投资者为情绪投资者，下面研究理性投资者的理性认知风险和情绪投资者的非理性认知风险是否会偏离证券投资的市场认知风险。

对某一个证券 i，设 ω_1 表示理性投资者市场价值权重，即理性投资者所持有证券 i 的市场价值占证券 i 市场价值的权重；设 ω_2 表示情绪投资者的市场价值权重，即情绪投资者所持有证券 i 的市场价值占证券 i 市场价值的权重，并且 $\omega_1+\omega_2=1$。当 $\omega_1>\omega_2$ 时，表示理性投资者所持有的证券市场价值权重较大；当 $\omega_1<\omega_2$ 时，表示非理性情绪投资者所持有的证券市场价值权重较大；当 $\omega_1=\omega_2$ 时，表示理性和非理性投资者所持有的证券市场价值权重相等。因此可以得到证券 i 的市场认知均衡价格为：

$$P^{M}=\omega_1P^{R}+\omega_2P^{C} \tag{4-13}$$

为不失一般性，假定 $\bar{\theta}=0$，将式（4-3）（4-4）代入式（4-13）得：

$$P^{M}=(\omega_1+\omega_2\rho)\frac{\sigma_{\theta}^{2}}{\sigma_{\theta}^{2}+\sigma_{\varepsilon}^{2}}(\theta+\varepsilon) \tag{4-14}$$

同样，由非理性和理性投资者共同作用所生成的证券 i 的市场认知风险为：

$$V_{-}^{M}=E(P^{M}-P_0)_{-}=\int_0^{P_0}F^{M}(x)dx \tag{4-15}$$

其中，$F^{M}(x)$ 为市场认知均衡价格 P^{M} 的分布函数。

利用 V_{-}^{C} 和 V_{-}^{M} 可以定义情绪投资者的非理性认知风险相对于市场

认知风险的偏离度 $\eta_{CM} = V_{-}^{M} - V_{-}^{C}$ 。由 V_{-}^{C} ，V_{-}^{M} 表达式可以证明情绪投资者的非理性认知风险相对于市场认知风险的偏离度 η_{CM} 具有下面的性质：

性质 4：非理性认知风险偏离度 η_{CM} 的取值依赖于情绪投资者的市场价值权重系数 ω_2 ，当其他参数不变时，情绪投资者的市场价值权重 ω_2 越大，非理性认知风险偏离度 η_{CM} 越小。

性质 5：非理性认知风险偏离度 η_{CM} 的取值依赖于情绪影响系数 ρ，当其他参数不变时，投资者的情绪越严重（ ρ 越大），非理性认知风险偏离度 η_{CM} 越大。

性质 6：当情绪影响系数 $\rho = 1$ 时，情绪投资者为理性的，则非理性认知风险偏离度 η_{CM} 为零。

同样，利用 V_{-}^{R} 和 V_{-}^{M} 可以定义理性投资者的理性认知风险相对于市场认知风险的偏离度 $\eta_{RM} = V_{-}^{R} - V_{-}^{M}$ 。由 V_{-}^{R} 和 V_{-}^{M} 表达式可以证明理性投资者的理性认知风险相对于市场认知风险的偏离度 η_{RM} 具有下面的性质：

性质 7：理性认知风险偏离度 η_{RM} 的取值依赖于理性投资者的市场价值权重系数 ω_1 ，当其他参数不变时，理性投资者的市场价值权重 ω_1 越大，理性认知风险偏离度 η_{RM} 越小。

由上述性质可知，当情绪影响系数 $\rho > 1$ 时，非理性认知风险和理性认知风险都会偏离证券投资的市场认知风险。证券投资的市场认知风险由理性投资者和非理性投资者的相互作用来决定，并且非理性认知风险和理性认知风险的偏离程度与理性投资者和非理性投资者的市场价值权重有关。当理性投资者向非理性投资者转移时，理性认知风险偏离市场认知风险的程度不断增大，非理性认知风险偏离市场认知风险的程度不断变小；当非理性投资者向理性投资者转移时，结论相反。本节基于非理性投资者情绪来讨论非理性认知风险和理性认知风险的偏离问题，与基于过度自信非理性特征所得结论一致。

二　基于情绪的市场认知收益

公式（4－10）表示基于投资者情绪的认知期望价值，当 $\rho = 1$ 时，表示理性认知期望价值：$EP^{R} = \bar{\theta}$ ，同样可以得到证券 i 的市场认知期望价值：

$$EP^M = \omega_1 EP^R + \omega_2 EP^C = \bar{\theta} + \omega_2 \frac{\sigma_\theta^2}{\sigma_\theta^2 + \sigma_\varepsilon^2}(\rho - 1)\bar{\theta}\ (\rho > 1) \tag{4-16}$$

其中，ω_1 表示理性投资者的市场价值权重，ω_2 表示非理性情绪投资者的市场价值权重。

令 $\varepsilon_{CM} = EP^C - EP^M = \omega_1 \frac{\sigma_\theta^2}{\sigma_\theta^2 + \sigma_\varepsilon^2}(\rho - 1)\bar{\theta}$ 表示情绪投资者的非理性认知收益相对于市场认知收益的偏离度。

同样令 $\varepsilon_{RM} = EP^M - EP^R = \omega_2 \frac{\sigma_\theta^2}{\sigma_\theta^2 + \sigma_\varepsilon^2}(\rho - 1)\bar{\theta}$ 表示理性投资者的认知收益相对于市场认知收益的偏离度。设未来风险证券的平均值 $\bar{\theta} > 0$，则 ε_{CM}，ε_{RM} 具有下述性质：

性质8：非理性认知收益偏离度 ε_{CM} 依赖于理性投资者的市场价值权重系数 ω_1，当其他参数不变时，理性投资者的市场价值权重 ω_1 越大，非理性认知收益的偏离度 ε_{CM} 越大。

令 $\varepsilon_{RM} = EP^M - EP^R = \omega_2 \frac{\sigma_\theta^2}{\sigma_\theta^2 + \sigma_\varepsilon^2}(\rho - 1)\bar{\theta}$ 表示理性投资者的理性认知收益相对于市场认知收益的偏离度 ε_{RM}，并且具有下面的性质：

性质9：理性认知收益偏离度 ε_{RM} 依赖于情绪投资者的市场价值权重系数 ω_2，当其他参数不变时，情绪投资者的市场价值权重 ω_2 越大，理性认知收益的偏离度 ε_{CM} 越大。

性质10：非理性和理性认知收益偏离度 ε_{CM}，ε_{RM} 依赖于情绪影响系数 ρ，当其他参数不变时，投资者的情绪越严重（ρ 越大），非理性和理性认知收益偏离度 ε_{CM}，ε_{RM} 越大。

综上所述，证券投资的市场认知收益依赖于非理性和理性投资者的市场价值权重，并且非理性认知收益和理性认知收益的偏离度也取决于理性投资者和非理性投资者双方的力量对比。当非理性投资者向理性投资者转移时，非理性认知收益的偏离度变大，而理性认知收益的偏离度变小；当理性投资者向非理性投资者转移时，结论相反。

第四节 小结

在行为金融的研究框架下，本章以基于投资者情绪的资产均衡价格模型为基础，建立了基于投资者情绪的两种认知风险度量——亏损概率和期望损失模型及认知收益模型。模型分析表明，投资者的认知风险和认知收益与情绪影响系数 ρ 有关，并且投资者的情绪越严重（ρ 越大），认知风险越小，认知收益越大。通过研究认知风险和认知收益的关系表明：认知风险和认知收益之间的关系与标准金融理论中风险和收益正相关的结论相反，与 Shefrin（2001）通过金融实验得出的认知风险与认知期望收益为负相关关系的结论一致，也与含有过度自信心理的认知风险与认知收益为负相关关系的结论一致。

通过考虑理性投资者和非理性情绪投资者的相互作用构建了市场认知风险和市场认知收益模型，研究了理性、非理性认知风险和认知收益的偏离问题。研究结果表明，理性、非理性认知风险和认知收益的偏离程度取决于理性投资者和非理性投资者的市场价值权重，理性投资者的价值权重增大会导致理性认知风险的偏离度增大，理性认知收益的偏离度减小；而非理性认知风险的偏离度减小，非理性认知收益的偏离度增大，进一步表明了理性认知风险和理性认知收益的偏离度具有正相关关系，同样，非理性认知风险和非理性认知收益的偏离度也具有负相关关系。

第五章　投资者情绪与A股溢价的实证研究

第一节　关于中国A－B股价格差异的相关研究

目前国外许多文章研究了外资股与内资股的价格差异问题。大多数学者发现，外资股相对于内资股有较大的溢价。比如Hietala（1989）对1984—1985年的芬兰股票市场进行了考察，发现外资股具有相对的溢价。Bailey和Jagtiani（1994）研究发现，泰国股票交易所专门向境外投资者开放的市场（Alien Board）上的股票平均有19%的溢价。Stulz和Wasserfallen（1995）发现，瑞士市场上也存在类似的现象。Domowitz、Glen和Madhavan（1998）的研究发现，在墨西哥股票市场上，可以被国内外投资者不受限制地同时持有的股票（B股）具有更高的价格。而中国与其他大多数国家不同，2001年3月以前，B股价格比A股平均低70%。最早对中国孪生外资股与内资股价格差异现象展开研究的是Bailey和Jagtiani（1994），他们尤其对中国外资股折价于内资股的独特现象感到费解，并把它称为“怪现象”（Bailey，1999）。因此对中国孪生股票的价格差异现象的研究主要集中于外资股为何折价于内资股上。对这一领域的研究做一个总结，大致可以归类为四种解释。

一　信息不对称说

Chakravarty，Sarkar和Wu（1998）通过建立一个包含市场分割和信息不对称的定价模型，推导出 B 股相对于 A 股折价的理论依据。Chui 和 Kwok（1998）对 A 股与 B 股收益的交叉自相关检验同样证实了 A 股与 B 股市场之间存在信息不对称。吴文峰等人（2002）从两个市场信息流动的角度研究了 A 股与 B 股的市场分割性。Chan，Menkveld 和 Yang（2008）分析了信息不对称对 A 股、B 股价格的影响，通过实证发现信息不对称能够部分解释折价差异。

二　流动性差异说

Amihud 和 Mendelson（1986）指出，流动性较差的 B 股应当有一个较低的价格从而有一个较高的回报率以补偿投资者由于交易成本的增加而带来的损失。Poon，Firth 和 Fung（1998）认为，流动性差异可以部分地解释中国 B 股的折价现象。Chen，Lee 和 Rui（2001）研究表明，B 股折价就在于其交易成本高以及流动性差。

三　投机泡沫说

A 股溢价的另一种解释是由于国内投资者的异质认知和卖空限制为 A 股市场创造了投机泡沫。Mei，Jose 和 Xiong（2003）通过对 A 股、B 股价差进行横截面研究，发现双重上市公司 A 股的换手率可以解释 20% 的价格差异，同时认为投机性交易是决定股票价格的重要因素。

四　风险差异说

Bailey（1994）分析认为，中国国内银行的存款利率较低而国内投资者的投资途径又十分有限是导致 B 股折价的原因。Ma（1996）和 Eun，Janakiramanan，Lee（2001）指出，股票价格的差异受投资者对待风险的态度、国内外无风险利率的差异、A 股收益率与国内市场收益率的相关性、B 股收益率与世界市场收益率的相关性的整体影响。

这些解释主要从投资者理性的角度来分析 A - B 股溢价问题。下一节将从投资者非理性的角度来分析外资股相对于内资股的显著折价现象。首先以封闭式基金折价作为情绪的代理变量，然后构造总的情绪指数，实证检验投资者情绪和溢价之间是否具有显著性关系，并比较这两种情绪指标所得的实证结论是否一致。

第二节　封闭式基金折价和A股溢价关系的实证检验

截至2005年12月31日，我国全部54只封闭式基金的平均折价率已达到30.34%，历史上（1999—2005）年平均折价率为16%，远高于成熟资本市场上的折价水平，如在美国平均折价10%（Weiss，1989），英国约为5%（Levies & Thomas，1995）。许多研究从理性和非理性两方面对折价原因进行了大量的探讨。但实证结果表明，理性理论对折价交易现象的解释力并不强，尤其由于国内的封闭式基金市场相对于国外的特殊性，不少国外的理性解释运用到国内则不攻自破。

LST（1991）提出了投资者情绪理论。LST认为，折价率的变化源自于情绪的波动。第一，情绪极度乐观时，基金会溢价发行；第二，DSSW（1990b）解释了基金持续折价；第三，情绪是变化的，故折价水平是时变的；第四，随着存续期的结束，情绪风险逐渐消失，所以折价程度会大幅减少甚至消失。

Neal和Wheatley（1998）的研究也支持了LST的观点，他们以更长时期的数据检验了基金折价变化可以解释小市值股票收益问题，并论证了开放式基金的净赎回与基金折价的变化有显著的关系。Swaminathan（1996）的研究为封闭式基金折价和公司股价的同时变动提供了合理的解释，并且认为，投资者的情绪不仅能够影响股票的当前价格，而且能够影响股票的未来收益。同时，Swaminathan（1996）的实证研究进一步表明，用基金的折价预测小公司股票的收益比预测大公司的收益要准确。Bodurtha等（1995）在国际证券市场上，找到了支持投资者情绪理论的依据。

国内研究者提出了对LST投资者情绪理论的改进方法，通过提出假设和统计论证，认为尽管国内封闭式基金折价和美国的不同，却有着和 LST 类似的实证结果，进而利用反映情绪的指标间接证明了封闭式基金折价的情绪指标。因此在本节中我们选择封闭式基金折价作为情绪的代理变量，实证分析投资者情绪和 A 股溢价之间的关系。

一　封闭式基金折价及数据说明

封闭式基金折价（CEFD）被定义为：

$$CEFD_{it} = \frac{P_{it} - NAV_{it}}{NAV_{it}}$$

其中，P_{it} 和 NAV_{it} 分别为基金 i 在期末 t 市场上的价格和资产净值。

本节采用的交易数据来自广发证券，对 B 股价格进行折算时采用的是国家外汇局公布的当日美元对人民币的汇率中间价。

（一）时间序列数据采样区间

我们选择 1998 年 6 月 1 日到 2008 年 1 月 31 日作为第一个采样区间。采样时间足够长保证了实证结果的有效性，并且在此时间区间内不仅包含了市场制度的变革也经历了市场的低迷和活跃期。

（二）横截面样本的选择

考虑到上海和深圳两个股票市场极具共性，并且这几年来沪市逐渐成为中国的资本和金融中心，在一定程度上代表了中国股票市场的真正发展水平。因此本节只选取同时发行 A 股和 B 股的沪市上市企业。除去 ST 和 PT，以及采样区间内交易记录不完整的企业，最后选定 32 家上市公司，并且选择了规模在 20 亿元（含）以上的 24 只封闭式基金。

二　实证模型和结果

为了检验封闭式基金折价所代表的投资者情绪与 A 股溢价之间的关系，我们首先分析封闭式基金折价和 A 股溢价在整个样本期内的变化趋势（见图 5－1 和图 5－2）。

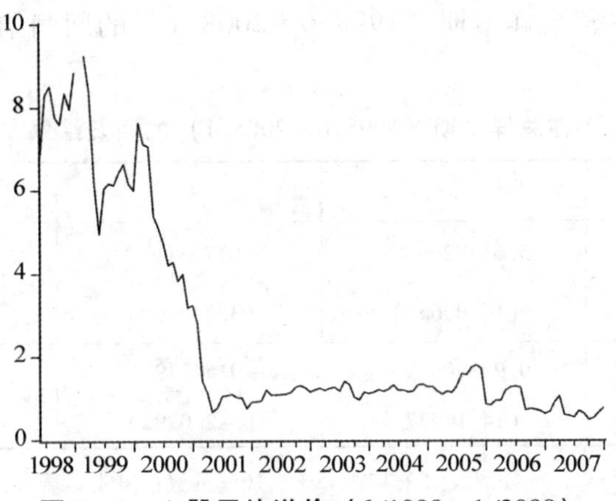

图 5 - 1　A 股平均溢价（6/1998—1/2008）

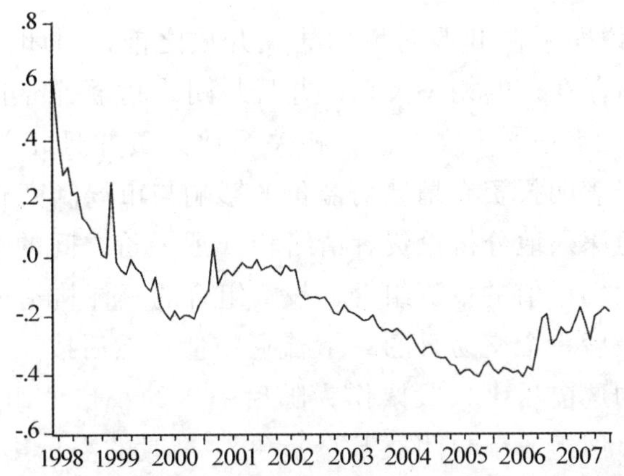

图 5 - 2　封闭式基金的平均折价（6/1998—1/2008）

从图 5 - 1 中可以看出，当 B 股对境内居民开放之后（即 2001 年之后），虽然没有完全消除溢价，但溢价却出现了大幅下降，表明 A 股的溢价与市场的政策因素有极大的关系。比较图 5 - 1 和图 5 - 2 发现，在 2001 年 2 月改革之前，封闭式基金折价和溢价存在相同的变化趋势，然而在开放之后两者变化趋势相反。为了分析溢价和封闭式基金折价之间的联动关系，给出了如下回归模型：

$$\rho_t = a + bR_t + \varepsilon_t$$

其中，ρ_t 为所选定公司在第 t 个月的平均溢价，R_t 为封闭式基金的平均折价，在整个样本期（1998.6—2008.1）的回归结果见表5－1。

表5－1　在总样本期（1998.6—2008.1）的回归结果

	a	b	调整的 R^2
1998.6—2001.6	5.631726 ***	5.917331 ***	0.212154
	（16.00651）	（3.228769）	
2001.7—2008.1	0.948906 ***	－0.54219 **	0.041847
	（14.16037）	（－2.0992）	

注：***，**，*分别表示在1%、5%、10%的置信度上显著；括号中为t检验值，以下各表同。

表5－1说明了在B股对境内居民开放之前，封闭式基金折价和A股溢价之间存在正的相关关系，并且封闭式基金折价能够解释21%的A股溢价。但是在开放之后，相关系数为负并且相关程度大大下降。这进一步表明投资者情绪对溢价的影响与市场制度有关。

为了更为深入地分析投资者情绪和A股溢价之间的关系，我们考虑构造具有大小市值的投资组合，投资组合的具体构造方式如下：计算每年4月最后一个交易日的A股流通市值，然后按照从小到大的顺序排列，分别选前后十只股票作为随后一年的小市值组和大市值组。我们期望小市值组股票封闭式基金折价对A股的溢价影响应该更大。首先个体投资者相对于机构投资者而言更易于投资小市值型股票（Barber & Odean，2000），而个体投资者更易于受情绪的影响。其次，小市值股票的流动性较差并且更易受套利的限制。如果个体投资者受乐观情绪的影响而推高了股票的价格，使其偏离基础价值，则我们期望小市值股票的价格偏离更大。Baker和Wurgler（2006）实证检验得出了具有低波动性的股票更易受投资者情绪的影响。

根据上证A股价格指数变化，我们考虑把样本区间分为三个阶段：1998.6—2001.6（包含B股市场的开放）；2001.7—2005.5（市场低迷期）；2005.6—2008.1（市场活跃期）。具体回归结果见表5－2所示。

表 5－2　　大、小市值组在三个样本期内的回归结果

A：1998. 6—2001. 6

按流通市值划分的各组月平均溢价	截距	封闭式基金折价	R^2
小市值组	7. 018779 *** （16. 056406）	9. 838964 *** （3. 400806）	0. 259517
大市值组	3. 6729097 *** （16. 230277）	4. 296507 *** （3. 605691）	0. 270849

B：2001. 7—2005. 5

按流通市值划分的各组月平均溢价	截距	封闭式基金折价	R^2
小市值组	1. 2146377 *** （27. 550661）	－0. 99865 *** （－4. 85071）	0. 359066
大市值组	0. 7577739 *** （22. 435968）	－0. 70701 *** （－4. 34748）	0. 295781

C：2005. 6—2008. 1

按流通市值划分的各组月平均溢价	截距	封闭式基金折价	R^2
小市值组	－0. 594864 （－1. 499314）	－6. 69229 *** （－5. 44497）	0. 609437
大市值组	0. 2601233 *** （2. 0550915）	－1. 27854 *** （－3. 1905）	0. 266619

从表 5－2 中可以得出下述结果：

首先，从总体上说，反映投资者情绪的封闭式基金折价与 A 股溢价之间存在显著的相关关系，而这种相关性相对于小市值股票而言更强，这与我们前面的推测一致。

其次，在第一个样本期（1998. 6—2001. 6），不管大小市值组，A 股溢价与封闭式基金折价都具有显著的正相关关系，即封闭式基金的折价（一般为负值）越大，国内投资者的情绪就越高涨，从而 A 股的溢价表现越严重，因此得出投资者情绪与 A 股溢价之间存在正相关关系。

最后，在 2001 年之后，A 股溢价与封闭式基金折价之间具有负相关关系，随着国内投资者情绪的高涨，A 股溢价表现得越小。

为了检验上述结论的稳健性，我们给出了 2001.7—2008.1 样本期间的回归结果（见表 5－3）。

表 5－3　　2001.7—2008.1 的回归结果

按流通市值划分的各组月平均溢价	截距	封闭式基金折价	R^2
小市值组	1.0128597 *** （10.161494）	－1.82498 *** （－4.64157）	0.251849
大市值组	0.7638153 *** （14.914929）	－0.12224 （－0.60948）	0.004928

从表 5－3 中可以看出，在市场制度改革之后，不管大、小市值组的股票，封闭式基金折价和溢价都存在负相关关系，而对于小市值组，这种负相关关系程度更强。与表 5－2 中的结论一致，说明在 2001 年之后的回归结果具有稳健性。

总体上，我们的结果提供了强有力的证据证明投资者的情绪能部分地解释 A 股的溢价。然而还有两个结论需要我们作进一步的讨论和解释。

首先关于回归结果中相关系数的符号。在 2001 年之前，回归系数的符号为正，即投资者情绪越高涨（低落），A 股的溢价就越大（小）；但在 2001 年之后符号相反。这是因为中国的股票市场在 2001 年之前是分割的，封闭式基金折价主要反映了国内投资者的情绪，高涨（低落）的情绪会推动股价的上涨（下降），而 B 股市场主要是国外的机构投资者受情绪的影响较小，表现为 B 股的价格波动较小，最终高涨（低落）的情绪导致 A 股的溢价相对越大（小）。在 2001 年之后，国内个体投资者有机会投资于 B 股市场，而国外的机构投资者则纷纷离开了 B 股市场，此时 B 股市场上主要是国内的个体投资者，而国内投资者是非理性的，更易于受市场情绪的影响，因此，当投资者的市场情绪高涨时，B 股的价格比 A 股提升得更大，从而表现为 A 股的溢价越小。表 5－4 的结果证实了在 B 股开放前，A 股收益率的波动性大于 B 股，开放后结论相反。

表5-4 上证A，B股价格指数收益的变异系数

	1998.6—2001.6	2001.7—2008.1
上证A股	5.330055	6.812874
上证B股	3.356461	11.21185

其次是封闭式基金折价对A股溢价的影响在熊市（2001.7-2005.5）相对较小。因为当市场是熊市时，大多数投资者会继续持有股票，获得一系列现金流，从而表现为A，B股的价格变化不大。因此当市场处于熊市状态时，A股的溢价变化较小，表现为投资者情绪对A股溢价的影响较小。

在本节中我们选择封闭式基金折价作为情绪的代理变量，实证检验了投资者情绪和溢价之间的关系，实证结果表明，A股溢价与国内投资者的情绪显著相关，在B股开放前是正相关，开放后结论相反，并且检验了小市值股票更易受投资者情绪的影响，尤其当市场处于牛市状态时。虽然封闭式基金折价在一定程度上能代表投资者的情绪，为了找到一个指数能更好地刻画投资者情绪，Baker和Wurgler（2006）利用一系列的情绪代理变量，如消费者的信心指数、封闭式基金折价、IPO的数量、月新开户数、基金的净流入量、成交量等，构造了一个总情绪指数，然后分析投资者情绪与股票收益之间的关系。因此在下一节中我们要建立一个总情绪指数来实证检验投资者情绪和A股溢价之间的关系，从非理性的角度深入理解A股溢价。

第三节 总情绪指数和A股溢价关系的实证检验

一 总情绪指数的构造

反映投资者情绪的指标有很多，有些是可数量化的，有些是描述性的，能够反映投资者心理的数量化情绪指标主要有封闭式基金折

价、IPO的数量、月新开户数、基金的净流入量、成交量等。本节利用可数量化的几种情绪变量来构造一个总的情绪指数。但由于考虑到国内数据的可获得性，最终只选择了五个情绪变量：封闭式基金的平均折价CEFD（$CEFD_{it}=\frac{P_{it}-NAV_{it}}{NAV_{it}}$，$P_{it}$和$NAV_{it}$分别为基金$i$在期末$t$的市场价格和资产净值）、IPO的数量（NIPO）、IPO的首日收益率（RIPO）、A股月新开户数（S）、A股指数成交量（TURN）。具体构造如下：

1. 首先把五个情绪变量当期和滞后期（共十项）作为因子分析变量，然后计算它们的第一主成分，得出第一主成分因子的得分系数，最终得到第一主成分因子关于十个变量的得分函数。

表5－5 当期和滞后期情绪变量之间的相关系数

	$RIPO_{t-1}$	$NIPO_{t-1}$	$CEFD_{t-1}$	$TURN_{t-1}$	S_{t-1}	$RIPO_t$	$NIPO_t$	$CEFD_t$	$TURN_t$	S_t
$RIPO_{t-1}$	1.000									
$NIPO_{t-1}$	-.106	1.000								
$CEFD_{t-1}$	.334	.217	1.000							
$TURN_{t-1}$	.385	-.565	-.163	1.000						
S_{t-1}	.489	-.454	.016	.863	1.000					
$RIPO_t$	.561	-.279	.461	.335	.439	1.000				
$NIPO_t$	.191	.634	.266	-.491	-.382	-.063	1.000			
$CEFD_t$	.350	.158	.810	-.073	.140	.368	.225	1.000		
$TURN_t$	.283	-.569	-.128	.902	.718	.387	-.555	-.125	1.000	
S_t	.517	-.462	.039	.860	.891	.508	-.432	.064	.861	1.000

由表5－5知，当期和滞后期的情绪变量之间几乎都存在着较强的相关关系，说明各情绪变量之间具有公共的情绪因子。

表 5－6　　因子分析的共同度

	Initial	Extraction
$RIPO_{t-1}$	1. 000	. 603
$NIPO_{t-1}$	1. 000	. 548
$CEFD_{t-1}$	1. 000	. 773
$TURN_{t-1}$	1. 000	. 885
S_{t-1}	1. 000	. 812
$RIPO_t$	1. 000	. 624
$NIPO_t$	1. 000	. 570
$CEFD_t$	1. 000	. 716
$TURN_t$	1. 000	. 851
S_t	1. 000	. 893

通过分析因子的共同度，可以看出十个变量的共同度基本上都在 60% 以上，变量都能被因子部分解释。

表 5－7　　因子分析的解释总变量

Component	Initial Eigenvalues			Extraction Sums of Squared Loadings		
	Total	% of Variance	Cumulative %	Total	% of Variance	Cumulative %
1	4. 681	46. 815	46. 815	4. 681	46. 815	46. 815
2	2. 593	25. 929	72. 744	2. 593	25. 929	72. 744
3	. 932	9. 316	82. 060			
4	. 618	6. 183	88. 243			
5	. 414	4. 139	92. 382			
6	. 265	2. 645	95. 027			
7	. 238	2. 375	97. 403			
8	. 144	1. 444	98. 847			
9	. 092	. 924	99. 771			
10	. 023	. 229	100. 000			

第一部分（Initial Eigenvalues）描述了初始因子解的情形。其中“Total”列给出因子的特征值，即被每一个因子解释的原始变量的方差；“% of Variance”列给出的是每一个因子解释所有原始变量总方差的百分比；“Cumulative %”列给出的是前十个因子对原始变量总方差的累计贡献率。通过此表可以看出，第一个因子的特征值为4.681，解释了原始变量总方差的46.815%。第二个因子的特征值为2.593，解释了总方差的25.929%，累计方差贡献率为72.744%。其余数据可作类似解释。

第二部分（Extraction Sums of Squared Loadings）描述了提取后的因子对总方差的解释情形。从表中可看出，经过主成分提取后有两个因子被提取的效果比较好，并且这两个因子共解释原始变量的72.744%。这两个因子的得分系数矩阵见表5－8。

表5－8 **因子得分的系数矩阵**

	Component	
	1	2
$RIPO_{t-1}$	.494	.599
$NIPO_{t-1}$	−.664	.327
$CEFD_{t-1}$	−.016	.879
$TURN_{t-1}$	.931	−.140
S_{t-1}	.896	.099
$RIPO_t$	.553	.564
$NIPO_t$	−.561	.505
$CEFD_t$	.037	.845
$TURN_t$	.905	−.177
S_t	.941	.082

由表5－8可知，利用主成分法的第一个因子关于十个变量的得分函数为：

$$F_1^{t-1} = 0.494RIPO_{t-1} - 0.664NIPO_{t-1} - 0.016CEFD_{t-1} + 0.931TURN_{t-1} + 0.896S_{t-1} + 0.553RIPO_t - 0.561NIPO_t + 0.037CEFD_t + 0.905TURN_t + 0.941S_t$$

2. 计算第一主成分与每个情绪变量当期和滞后期的相关系数，对每个情绪变量选择相关系数较大的作为最终情绪代表。

表 5－9　**第一主成分与当期和滞后期情绪变量之间的相关系数**

	$RIPO_{t-1}$	$NIPO_{t-1}$	$CEFD_{t-1}$	$TURN_{t-1}$	S_{t-1}	$RIPO_t$	$NIPO_t$	$CEFD_t$	$TURN_t$	S_t
F_1^{t-1}	.488***	-.666***	-.019	.931***	.895***	.551***	-.565***	.034	.907***	.941***

由表 5－9 可知，第一主成分（F_1^{t-1}）与 $RIPO_t$，$NIPO_{t-1}$，$CEFD_t$，$TURN_{t-1}$，S_t 的相关系数较大，因此选择上述五个变量作为最终的情绪代表。

3. 利用第一步方法，计算最终选定的五个情绪代表的第一主成分，然后使其作为投资者的总情绪指数（Sentiment index），最终得到第一主成分因子关于选定的五个情绪变量的得分函数。

关于选定的五个情绪变量的因子分析共同度以及总方差的解释见表 5－10。

表 5－10　**因子分析的共同度**

	Initial	Extraction
$RIPO_t$	1.000	.722
$NIPO_{t-1}$	1.000	.615
$CEFD_t$	1.000	.832
$TURN_{t-1}$	1.000	.851
S_t	1.000	.841

表 5 - 11 因子分析的解释总变量

Component	Initial Eigenvalues			Extraction Sums of Squared Loadings		
	Total	% of Variance	Cumulative %	Total	% of Variance	Cumulative %
1	2. 555	51. 098	51. 098	2. 555	51. 098	51. 098
2	1. 304	26. 090	77. 188	1. 304	26. 090	77. 188
3	. 571	11. 415	88. 603			
4	. 462	9. 241	97. 844			
5	. 108	2. 156	100. 000			

由上述两个表可以看出，选定的五个情绪变量在主成分的提取方式下，共同度基本在 80% 以上，提取的第一个因子能够解释总方差的 51. 098%，关于两个因子的得分系数矩阵见表 5 - 12。

表 5 - 12 因子得分的系数矩阵

	Component	
	1	2
$RIPO_t$	. 637	. 562
$NIPO_{t-1}$	-. 705	. 342
$CEFD_t$	. 075	. 909
$TURN_{t-1}$	. 897	-. 213
S_t	. 917	. 007

由表 5 - 12 可知，利用主成分法得出的第一个因子关于选定的五个情绪变量的得分函数为：

$$SENT_t = 0.637RIPO_t - 0.705NIPO_{t-1} + 0.075CEFD_t + 0.897TURN_{t-1} + 0.917S_t$$

表 5－13　　**总情绪指数与选定五个情绪代表之间的相关系数**

	$SENT_t$	$RIPO_t$	$NIPO_{t-1}$	$CEFD_t$	$TURN_{t-1}$	S_t
$SENT_t$	1					
$RIPO_t$	0.637 ***	1				
$NIPO_{t-1}$	－0.705 ***	－0.279 *	1			
$CEFD_t$	0.075	0.368 **	0.158	1		
$TURN_{t-1}$	0.897 ***	0.335 **	－0.565 ***	－0.073	1	
S_t	0.917 ***	0.508 ***	－0.462 ***	0.064	0.86 ***	1

通过表 5－13 可以看出，利用第一主成分法构造的总情绪指数与除了 $CEFD_t$ 之外的其余四个情绪变量之间都显著相关。

由于我们选择的五种情绪变量与某些宏观经济变量之间存在较强的相关关系（见表 5－14），为了消除总情绪指数中所包含的宏观经济因素，我们首先对每一个情绪变量分别与宏观经济变量——居民消费价格总指数、狭义货币增长率、工业增加值的增长速度、生产资料工业品出厂价格指数——进行线性回归，然后利用回归中的剩余项作为消除宏观因素的情绪代表，通过计算消除宏观因素情绪变量的当期和滞后期的第一主成分，得到如下的函数表达式：

$$^{\perp}F_1 = 0.614\,^{\perp}RIPO_{t-1} - 0.318\,^{\perp}NIPO_{t-1} + 0.601\,^{\perp}CEFD_{t-1} + 0.754\,^{\perp}TURN_{t-1} + 0.815\,^{\perp}S_{t-1} + 0.611\,^{\perp}RIPO_t - 0.301\,^{\perp}NIPO_t + 0.544\,^{\perp}CEFD_t, + 0.697\,^{\perp}TURN_{t-1} + 0.862\,^{\perp}S_t$$

表 5－14　　**宏观经济变量与各种情绪变量之间的相关系数**

	居民消费价格总指数	狭义货币增长率	工业增加值的增长速度	生产资料工业品出厂价格指数
RIPO	0.295 *	－0.039	0.338 **	0.337 **
NIPO	－0.081	－0.071	0.058	－0.296 *
CEFD	－0.04	0.069	0.012	－0.158
TURN	0.3 *	0.168	0.171	0.658 ***
S	0.503 ***	0.146	0.264	0.704 ***

表 5 – 15　　消除宏观因素影响之后情绪变量之间的相关系数

	$^{\perp}RIPO_{t-1}$	$^{\perp}NIPO_{t-1}$	$CEFD_{t-1}$	$TURN_{t-1}$	$^{\perp}S_{t-1}$	$^{\perp}RIPO$	$^{\perp}NIPO_t$	$^{\perp}CEFD_t$	$^{\perp}TURN_t$	$^{\perp}S_t$
$^{\perp}RIPO_{t-1}$	1.000									
$^{\perp}NIPO_{t-1}$	−.032	1.000								
$CEFD_{t-1}$	.446	.131	1.000							
$TURN_{t-1}$	.367	−.390	.089	1.000						
$^{\perp}S_{t-1}$	.423	−.293	.283	.802	1.000					
$^{\perp}RIPO$	.524	−.181	.600	.141	.291	1.000				
$^{\perp}NIPO_t$	.228	.501	.128	−.399	−.307	.019	1.000			
$^{\perp}CEFD_t$	.443	.088	.788	.153	.414	.452	.159	1.000		
$^{\perp}TURN_t$	.200	−.153	.335	.535	.390	.318	−.393	.064	1.000	
$^{\perp}S_t$	.406	−.208	.372	.685	.696	.375	−.293	.255	.801	1.000

注：$^{\perp}$ 表示已消除宏观因素。

表 5 – 16　第一主成分与消除宏观因素的各情绪变量之间的相关系数

	$^{\perp}RIPO_{t-1}$	$^{\perp}NIPO_{t-1}$	$CEFD_{t-1}$	$TURN_{t-1}$	$^{\perp}S_{t-1}$	$^{\perp}RIPO_t$	$^{\perp}NIPO_t$	$^{\perp}CEFD_t$	$^{\perp}TURN_t$	$^{\perp}S_t$
$^{\perp}F_1^{t-1}$	.608 ***	−.0.320 **	0.598 ***	.757 ***	.817 ***	0.608 ***	−.306 *	.540 ***	.700 ***	.864 ***

由表 5 – 16 知，第一主成分与 $^{\perp}RIPO_t$，$^{\perp}NIPO_{t-1}$，$^{\perp}CEFD_{t-1}$，$^{\perp}TURN_{t-1}$，$^{\perp}S_t$ 的相关系数较大，因此选择上述五个变量作为最终的情绪代表。

然后依照上述因子分析的第一主成分分析方法，最终得到消除宏观因素的总情绪指数（$^{\perp}SENT_t$），其表达式为：

$$^{\perp}SENT_t = 0.688\,^{\perp}RIPO_t - 0.406\,^{\perp}NIPO_{t-1} + 0.597\,^{\perp}CEFD_{t-1} + 0.720\,^{\perp}TURN_{t-1} + 0.853\,^{\perp}S_t$$

其因子分析的共同度，因子分析的解释变量及因子的得分系数矩阵见表 5 – 17、表 5 – 18 和表 5 – 19。

表 5－17　　因子分析的共同度

	Initial	Extraction
$^{\perp}RIPO_t$	1.000	.698
$^{\perp}NIPO_{t-1}$	1.000	.547
$CEFD_{t-1}$	1.000	.843
$TURN_{t-1}$	1.000	.794
$^{\perp}S_t$	1.000	.745

表 5－18　　因子分析的解释变量

Component	Initial Eigenvalues			Extraction Sums of Squared Loadings		
	Total	% of Variance	Cumulative %	Total	% of Variance	Cumulative %
1	2.241	44.816	44.816	2.241	44.816	44.816
2	1.386	27.719	72.535	1.386	27.719	72.535
3	.814	16.287	88.822			
4	.320	6.394	95.215			
5	.239	4.785	100.000			

表 5－19　　因子的得分系数矩阵

	Component	
	1	2
$^{\perp}RIPO_t$	.688	.473
$^{\perp}NIPO_{t-1}$	−.406	.618
$CEFD_{t-1}$	.597	.697
$TURN_{t-1}$	.720	−.525
$^{\perp}S_t$	.853	−.133

表 5－20 消除宏观因素影响之后总情绪指数与选定情绪代表之间的相关系数

	$^{\perp}SENT_t$	$^{\perp}RIPO_t$	$^{\perp}NIPO_{t-1}$	$CEFD_{t-1}$	$TURN_{t-1}$	$^{\perp}S_t$
$^{\perp}SENT_t$	1					
$^{\perp}RIPO_t$	0.686 ***	1				
$^{\perp}NIPO_{t-1}$	－0.407 ***	－0.181	1			
$CEFD_{t-1}$	0.595 ***	0.6 ***	0.131	1		
$TURN_{t-1}$	0.722 ***	0.141	－0.39 **	0.089	1	
$^{\perp}S_t$	0.853 ***	0.375 **	－0.208	0.372 **	0.685 ***	1

由表 5－20 可知，消除宏观因素影响之后的总情绪指数与选定的情绪代表（当期或滞后期）之间存在显著的相关关系，表明最终所得的总情绪指数包含了各情绪指标中的共同情绪因素，更能代表整个市场上的投资者情绪。

这里采用的数据主要来自广发证券和锐思金融研究数据库，对 B 股价格进行折算时采用的是国家外汇局公布的当日美元对人民币的汇率中间价。本书只选取同时发行 A，B 股的沪市上市企业。除去 ST 和 PT，以及采样区间内交易记录不完整的企业，最后选定 32 家上市公司。选择封闭式基金为规模在 20 亿（含）以上的 24 只，并考虑了数据的完整性选择时间区间：2003.1—2007.12，其中剔除了 2004.10—2006.5 的所有数据（在此阶段 IPO 的数量几乎为零）。

二 实证模型和实证结果

为了检验国内市场上投资者情绪与 A 股溢价之间的关系，我们建立了如下回归模型：

$$\rho_t = a + b.SENT_t(^{\perp}SENT_t) + \varepsilon_t$$

其中，ρ_t 是一个按规模划分的投资组合在第 t 个月的平均 A 股溢价率，投资组合的具体构造方式如下：计算每年 4 月最后一个交易日的 A 股流通市值，然后按照从小到大的顺序排列，分别选前后十只股票作为随后一年的小市值组和大市值组（所选股票在随后一年的月数据要超过六个且对选定的十只股票除去数据不全的月份）。$SENT_t$（$^{\perp}SENT_t$）为第 t 个月的总情绪指数。样本的回归结果见表 5－21 及表 5－22。

表 5－21　　一元回归结果

按流通市值划分的各组月平均溢价	a	b	R^2	调整的 R^2
小市值组	1.238314 *** (33.87322)	－0.06974 *** (－4.88801)	0.435261	0.417044
大市值组	0.776424 *** (24.51044)	－0.05881 (－4.78184)	0.388442	0.371454

表 5－22　　消除宏观因素影响的一元回归结果

按流通市值划分的各组月平均溢价	a	b	R^2	调整的 R^2
小市值组	1.255443 *** (26.98406)	－0.03641 * (－1.684)	0.083812	0.054258
大市值组	0.774762 *** (19.13554)	－0.00311 (－0.17145)	0.000816	－0.02694

由表 5－21 和表 5－22 可知：当未消除宏观因素对投资者情绪的影响时，投资者情绪与 A 股溢价之间存在一定的线性关系，而小市值型股票更显著。当消除宏观因素影响之后，大市值组的溢价与情绪之间几乎不存在相关关系，说明大市值组的溢价主要与非情绪因素有关，但小市值组的溢价与情绪指数之间仍存在显著的线性关系，这进一步说明了小市值型股票更易受投资者情绪的影响。

三　实证结果的分析与讨论

上述回归结果表明了投资者情绪与溢价之间存在一定的关系，但还有如下问题需要经济学上的解释和讨论。

（一）小市值型股票更易受投资者情绪的影响

首先个体投资者相对机构投资者而言更倾向于小市值型股票，由于个体投资者的非理性，小市值型股票更容易受到市场情绪的左右，再者小市值股票基本面的信息流动不如大市值公司，相反，非基本面的信息流动更容易影响小市值公司的价格，并且小市值公司更容易受套利的限制，因此，当受到情绪影响时，小市值公司的股票价格偏离基础价值较大。另外，Baker 和 Wurgler（2006）通过研究美国市场的截面收益，证实了情绪对小市值公司股票的影响更大。

（二）回归系数的符号

回归结果表明，在 B 股市场开放后，投资者情绪与 A 股溢价之间存在负相关的关系（小市值型股票更为显著），即市场上投资者总体情绪越高涨，股票的溢价越小。这一结论与以封闭式基金折价作为情绪代表所得到的实证结果一致。

（三）B 股开放前投资者情绪与 A 股溢价的关系

在 B 股开放前 A 股市场收益率的波动性更大，因此，开放前的回归结果应表现为情绪与溢价之间存在正相关关系，但由于数据缺失，不能依照本书情绪指数的构造方法来验证情绪与溢价之间的相关关系。上节选择封闭式基金折价作为情绪代表，验证了 B 股开放前后溢价与情绪之间的关系。在 B 股开放前，投资者情绪与溢价之间存在正相关关系，即投资者情绪越高涨（折价越大），A 股的溢价就越大，开放后的结论则相反。在整个样本期，小市值型股票受投资者情绪的影响显著，而大市值型股票在开放后受情绪的影响不明显。所得实证结果与实际分析正好吻合。

第四节 小结

本章试图从投资者情绪的角度部分解释 A 股溢价现象，并且实证检验投资者情绪和溢价之间的相关关系，主要结论如下：

1．利用第一主成分法构造了一个能刻画整体市场情绪的总情绪指数，实证检验了小市值型股票的溢价和投资者情绪之间存在显著的负相关关系，即投资者的情绪越高涨，A 股的溢价就越小。

2．为了让情绪代表不含基本面因素，本书构造了消除宏观因素影响的投资者总情绪指数，实证发现，小市值型股票更易受投资者情绪的影响，而大市值型股票溢价更多地与非情绪因素有关。

3. 以封闭式基金折价作为情绪代表，实证表明，在B股开放前投资者情绪与溢价之间存在正相关关系，开放后结论相反，这进一步说明了A股溢价不仅受情绪的影响，还与市场制度（开放前或开放后），公司特征（小市值或大市值）等非情绪因素有关。

为了进一步缩小A－B股的价格差异，消除投资者情绪的影响，建立健全的投资环境，维护证券市场的健康发展，下面从三个角度出发提出相关建议。

1. 个人投资者：我国股票市场个人投资者数量庞大，但个人投资者往往缺乏成熟的投资意识。因此，个人投资者首先要加强对专业知识的学习，提高自身投资水平。其次要明确自身存在认知偏差，并及时给予修正，尽量减少由于环境改变所带来的盲目从众行为。

2. 机构投资者：机构投资者作为个人投资者的风向标，应当尽量减少认知偏差所带来的投机行为，帮助中小投资者形成理性的市场价值投资理念，维护证券市场的健康有序发展。此外，机构投资者应当明确自己的职责，在询价环节认真表达自己的观点，为承销商提供真实有效的信息，杜绝故意压低发行价格的合谋行为。

3. 政府机构：政府对于市场的引导是创业板市场良好发展的前提，政府应该建立相应的准入机制。一方面，对于信息劣势的个人投资者要加强教育，强调创业板市场特有的高风险性质，以减少不成熟的投资者。另一方面，允许市场增加多样化、声誉良好并具有丰富专业知识的机构投资者，多样化的机构投资者，可以增加来自证券、保险、银行业的竞争，使投资更加透明理性，有利于培养成熟理性的投资风气。

第六章　一种具体情绪——过度自信与A股溢价的关系

经典金融学理论以有效市场假说（EMH）为核心建立了一套完整而严谨的理论框架。它是新古典经济学理性范式在金融领域的完美体现。有效市场的核心观点认为，如果市场是有效的，那么金融资产价格就充分反映了对信息的理解，因此对未来资产价格的最佳预测就是其当前价格，没有人能够持续地获得超常利润。20世纪80年代以前关于美国证券市场是否有效的经验结果大多也支持有效市场假说，如Fama（1965），Fama和Blume（1966），Solnik（1973）等人的研究表明：美国和欧洲一些主要国家的证券市场是弱式有效的。另外，基于事件研究方法的一些研究表明：美国及欧洲一些主要国家的证券市场是半强式有效的（Ball & Brown，1968）。然而，20世纪80年代以后许多经验研究发现了一系列与有效市场假说不一致的异常现象。如规模效应（size effect）（Banz，1981；Fama & French，1993）、长期反转效应（long-term reversal effect）（De Bondt & Thaler，1985，1987）、短期动量效应（short-term momentum effect）（Jegadeesh & Titman，1993，2001）、日历效应（calendar effect）（Rozeff & Kinney，1976；Dyl，1977；French，1980）、波动性之谜（volatility puzzle）（Shiller，1981）等等。此外，相对于经典金融学理论所能解释的交易量而言，金融市场上所观察到的交易量看起来是过多了，即所谓的交易量之谜（volume puzzle）。而传统经典金融学理论并不能对上述现象给出合理解释。基于此，金融经济学家们开始尝试从其他视角寻找答案，他们从经典金融学理论的基本假定“完全理性经济人”入手，借鉴心理学及社会学的相关研究成果，逐步建立了以“有限理性”和“有限套利”为基础的行为金融学理论。

行为金融学理论中有限理性的含义是比较广泛的，其理论基础是各种心理学理论。目前，各种认知偏差已经非常广泛地应用于行为金融学理论中，如代表性直觉（heuristics of representativeness）、易得性直觉（heuristics of availability）、锚定（anchoring）、框架效应（framing）、心理账户（mental account）、过度自信（overconfidence）等等。近年来，过度自信在金融学研究中得到了广泛应用，投资者过度自信已经成为金融经济学家的研究热点和标准假定之一（如 Benos，1998；Odean，1998；Kyle & Wang，1997；Daniel，Hirshleifer & Subrahmanyam，1988）。基于投资者过度自信假定的许多理论模型能够解释上述传统经典金融学理论所无法解释的一些异常现象，如 Daniel，Hirshleifer & Subrahmanyam（1988）（DHS）的模型表明，如果投资是过度自信的，那么他将对私人信息反应过度而对公共信息反应不足，并且这种对不同信息的不对称反应将导致股票收益的短期动量和长期反转现象。另外，其他一些过度自信模型（Benos，1998；Odean，1998；Kyle & Wang，1997；Wang，1998，2001 等）都认为，投资者过度自信能够导致过多的交易量，并且由此会产生超常波动性。所以过度自信假说能在一定程度上解释交易量之谜与波动性之谜。基于此，De Bondt 和 Thaler（1995）甚至认为，过度自信是判断心理学中最有力的发现。

第一节　过度自信

根据理性人假设，经济人都是同质的，人们能够对未来的信息、自己的能力做出无偏的估计。但事实并非如此，许多研究表明，人们总是过度自信的，即对自身的知识、能力及拥有的信息存在高估倾向（Svenson，1981），过度自信几乎是人类最根深蒂固的心理特征之一（De Bondt，1995）。过度自信与职业有关，现有研究表明，物理学家、律师、谈判人员、企业家、证券分析师、驾驶员等各种职业群体都在一定程度上表现出过度自信现象。过度自信一般具有如下形式：校准偏差、高于平均效应、控制幻觉、盲目乐观等。

在金融市场上，绝大多数的投资者同样表现出了不同程度的过度自信。当投资者连续经历几次成功之后，很容易产生过度自信的倾向，而连续经历几次失败之后，很容易产生自信不足。

一　过度自信的影响因素

过度自信与许多因素有关，下面就简单介绍一下心理学研究发现的影响过度自信的一些因素。

（一）性别

有趣的是，心理学家发现，在金融领域里，男人比女人表现出更强的过度自信。男人一般对于自己投资决策的能力比女人更加过度自信。金融学家 Barber 和 Odean 检查了 3.8 万个账户的交易行为。把投资者分为结婚的男人和单身的男人，结婚的女人和单身的女人，然后测度他们的股票换手率。研究发现，单身男人的换手率最高，每年的换手率大约在 85%，与此相对照，结婚男人的换手率为 73%。结婚女人和单身女人的换手率仅为 53% 和 51%。这个结果表明了男人比女人更过度自信，因此有更高的换手率。

（二）任务的难度

人们的自信程度与任务难度密切相关。Lichtenstein 和 Fischhoff（1977），Griffin 和 Tversky（1992）的研究表明，人们对于较为容易的任务，会表现出轻微的缺乏自信。对较为困难的任务则会表现出一贯的过度自信。而对极其困难的任务则会表现出特别显著的过度自信。Thomsona 等（2003）的一项实验研究通过被试者对模拟的汇率时间序列趋势进行判断也得出了类似的结论，即人们对较为困难的任务易于表现出过度自信，而对较为容易的任务易于表现出不自信，并且专家在这点上表现得尤为明显。一般认为，造成这种现象的原因可能在于锚定作用，人们在较为容易的任务上都有一定的自信水平，并且其自信水平随着任务难度的增加而调整，但由于锚定作用的存在而调整不足，导致随着任务难度的增加，过度自信的程度也增加的倾向。

（三）经验

关于经验对过度自信的影响，不同研究有着不同的观点。Kirchler

和 Maciejovsky（2002）通过实验研究了个人过度自信在实物资产市场上的表现，他们发现，过度自信程度随着经验的增长而上升。Wolosin，Sherman 和 Till（1973），Allen 和 Evans（2005）等人也得出了类似的结论。但也有一些研究者得出了相反的结论，如 Locke 和 Mann（2001），Christoffersen 和 Sarkissian（2002）认为，随着经验的增加投资者的过度自信程度反而会下降。

（四）专业知识

许多研究证实了专家比相对经验较少的人更容易表现出过度自信（如 Heath & Tversky，1991；Frascara，1999）。并且专家对比较难的任务更容易表现出过度自信，而对容易的任务则更容易表现出自信不足（Thomsona et al.，2003）。

二　过度自信的成因

基本上可以把促成过度自信的因素分为必要和充分两类。

（一）必要因素

1. 不完全信息及信息成本的存在。由于信息不完全及信息成本的存在，投资者为拥有信息要付出很大的成本，从而认为自己所拥有的私人信息具有很高的价值。

2. 认知过程的复杂性。人们在做出简单决策时会犹豫不决，但在做出复杂决策时往往表现得信心十足，证券投资是一个需要考虑多种因素的复杂过程，因而在做出决策时投资者容易表现出过度自信。

（二）充分因素

促成过度自信的充分因素主要是一些心理机制。

1. 过度自信根源于人们普遍具有的乐观主义倾向。由于抱有乐观主义情绪，就会经常低估风险，认为坏的结果不会发生在自己身上，还会夸大自己对局面的控制能力，时常会产生过度自信的现象。Daniel Kahneman 认为，乐观主义者会有一种控制错觉，夸大他们控制自己命运的能力，低估机会在成功过程中所起的作用。实际上，人们的成功在很大程度上在于把握住了机会，而不是完全取决于自己所掌握的技能。

2. 自我归因的偏差是促成过度自信的直接因素。人们往往把投资成功归因于自己内部的稳定因素，诸如能力等；而将失败归因于外部随机因素，比如运气等。久而久之，就会对自己的能力产生不切实际的信任。比如在证券市场上，当牛市出现时，人们会把股票的上涨归因于自身能力，从而不断增加对自己的信心；当市场出现熊市或亏损时，人们就把自己的失败归因于客观因素，并努力忘掉自己的失败，结果造成了投资者的过度自信。

3. “热手效应”助长了人们的过度自信。在股票市场上经常有人认为，自己本来成绩平平，突然在某段时间里，连续买对了几次股票，就认为自己会继续这样下去。一个偶然的因素使一只股票连续几天出现了上涨，有些人就开始认为，这只股票会继续涨下去。这就是所谓的“热手效应”——一件事情连续发生几次，人们可能会认为，这种事情连续发生的背后可能有一个因素在起作用，由于这种因素的存在，这种短时的连续性会有一定的规律，仍会继续下去。

4. 事后聪明是助长过度自信的另一个因素。事后聪明是指人们在事后自欺欺人的相信自己早已正确地预测了事件结果的倾向。心理实验证明，在事后，大多数人不能准确地记清事发之前所作的判断，结果往往会把已经发生的事情视为相对必然和明显的，表现出“早知如此”的倾向。事后聪明表明，投资者往往习惯于寻求证据来证明自己的正确，而不习惯于从对立的角度来挑战自己的想法，这无疑会助长投资者的过度自信，让人产生一种错觉，认为凡事都可以预测，而且有能力去预测事情的发生，从而夸大自己的判断力。

三　过度自信对市场的影响

Odean（1998）认为，过度自信对市场的影响主要有以下几个。

（一）过度自信导致频繁交易

一项对股票交易的研究发现，当投资者在卖出一只获利的股票之后，倾向于马上买入第二只股票。经过对上万次这样的买入方式的分析发现，第二次买入的股票表现总体上不如第一只股票，说明第一次获利使人产生热手效应式的过度自信，从而不对第二只股票的风险收益进行认真的评估，产生过度交易。

（二）过度自信加剧了市场的波动性

过度自信是导致证券市场过度反应的一个因素。在股价上升阶段，投资者发现自己的每一次卖出几乎都是错误的，而每一次买入都是正确的，因此，胆子会越来越大；相反，在股票价格下跌的过程中，几乎每一次卖出都是正确的，而每一次买入都是错误的，因此，胆子会越来越小，最终形成恐慌性的抛售。此外，当市场的行情向好时，投资者对利空表现得不敏感；而在行情不好时，投资者对利空表现得过于敏感，对利好因素却表现得不敏感。这无疑会加大市场的波动性。

（三）过度自信加剧了市场的深度

过度自信使投资者对同一信息产生不同的解释，由于投资者对自身能力的自信高估，他会更加相信自己对信息的解释，根据自己的解释进行交易。而且，过度自信会使投资者更相信自身所拥有的信息，会赋予自己的信息更多权重，而对市场中的其他信息则不够重视。因而，过度自信的存在导致了投资者之间的不同质，正是因为投资者之间的异质性，推动了各种交易的产生，增加了市场的深度。

（四）过度自信与新信息

当过度自信的投资者对新信息重视不够时，各种收益（短期）正相关；当过度看重新信息时，各种收益（长期）与其自信呈负相关。这个结论与反应不足和过度反应有关。

四　过度自信与风险

过度自信也会影响投资者承担风险的行为。理性的投资者会最大化收益，最小化承担风险。然而，过度自信的投资者错误地理解了他们所承担的风险水平。如果你认为你购买的股票会有比较高的收益，那么风险在哪里呢？过度自信的投资者将会因为两个原因而承担高风险。第一个是倾向于购买高风险的股票。高风险的股票通常是小公司或新公司。第二个是不能有效分散自己的投资组合。高波动性的组合在价格上表现出剧烈的摇摆，表明没有充分多样化。高贝塔值表明证券有很高的风险，并会比市场上一般的股票表现出更大的波动性。

由 Barber 和 Odean 进行的一系列研究表明，过度自信的投资者承担了更多的风险。他们发现，单身男人拥有最高风险的投资组合，依次是结婚男人、结婚女人和单身女人。也就是说，单身男人的投资组合有最高的波动性和最大的贝塔值，投资组合里都是一些较小公司的股票。按照换手率分类的五类投资者，最高换手率那类投资的是较小公司的股票，并且有较高的贝塔值，而低换手率投资者的组合则相反。总之，过度自信的投资者认为他们的投资行为风险比较小。

第二节　基于过度自信的 A 股溢价理论模型

一　基于过度自信心理的资产均衡价格模型

近年来，国外的一些研究者利用投资者的过度自信和自我归因偏差心理理论，建立了一些反映和解释金融市场现象的模型。Shiller 认为，如果把过度自信与锚定效应（Anchoring）联系起来，可以理解投资者意见分歧和出现巨额交易的一些原因，DHS 利用投资者的过度自信与自我归因偏差理论，建立了解释金融市场上股票价格的反应过度与反应不足的理论模型。

按照 DHS 对投资者类型的划分，将投资者分为有信息和无信息两类，用 I 表示有信息类，U 表示无信息类，并且假设有信息投资者为风险中性，无信息投资者为风险厌恶。如果投资者过度估计自己对信息的准确性，则投资者为过度自信。在本节中假定有信息投资者为过度自信。假设风险证券的终值 θ（一般为一年时间）服从均值为 $\bar{\theta}$，方差为 σ_θ^2 的正态随机变量，有信息投资者接收到的私人信息为 ε，并且 ε 服从均值为 0，方差为 σ_ε^2 的正态分布（信息的准确性为 $\frac{1}{\sigma_\varepsilon^2}$）并且 ε,θ 相互独立。有信息投资者过低估计的方差为 σ_c^2，即存在 $0 \leqslant \varphi < 1$ 使得 $\sigma_c^2 = \varphi\sigma_\varepsilon^2$，称为有信息投资者的过度自信系数。$\varphi$ 越小，$\frac{1}{\varphi\sigma_\varepsilon^2}$ 越大，表示有信息投资者对信息的过度自信程度越高。标准正态分布的性质可以得出，基于过度自信的均衡价格模型为：

$$P^C = \frac{\sigma_\theta^2}{\sigma_\theta^2 + \varphi\sigma_\varepsilon^2}(\theta + \varepsilon)$$

二　看涨期权的价值与过度自信程度之间的关系

股票拥有人不仅预期从资产中获得未来的现金流，也期望将来能够把资产重新卖出之后获得价格利润。因此资产的价格被分为两项：基础价值和看涨期权的价值，即将来有机会以更高的价格重新卖出的期权价值。由于受卖空的限制，在静态下，资产价格上涨只反映了收到利好消息投资者对资产的估计，当有信息投资者收到利空消息时看涨期权的价值为零，表现为资产价格稳定在基础价值的附近，为了分析看涨期权的价值与过度自信程度之间的关系，本节假定过度自信投资者接收到的信息为利好信息。看涨期权的价值与资产的价格和资产价格的波动性有关，下面将基于过度自信的资产均衡价格模型讨论看涨期权的价值与投资者过度自信程度之间的关系。

命题1：投资者的过度自信程度越大，投资者认为基础资产的期望价格越高，从而看涨期权的价值也就越大。

由于看涨期权的价值与基础资产的价格正相关，投资者认为基础资产的价格越高，看涨期权的价值就应该越大。基于过度自信的认知期望价格为：

$$EP^C = \frac{\sigma_\theta^2}{\sigma_\theta^2 + \varphi\sigma_\varepsilon^2}\bar{\theta}$$

φ 越小，EP^C 越大，即认知期望价格越高。由此可得，投资者的过度自信程度越大，投资者认为基础资产的期望价格越高，从而看涨期权的价值也就越大。

命题2：投资者的过度自信程度越大，基础资产价格的波动性越大，从而认为看涨期权的价值也会越大。

因为看涨期权的价值与基础资产价格的波动性呈正相关，所以当基础资产的价格波动性较大时，基础资产价格上涨很高的机会也会增加，看涨期权的持有者从基础资产价格的上涨中获利。因此随着波动性的增加，看涨期权的价值就越大。由 $D(P^C) = \left(\frac{\sigma_\theta^2}{\sigma_\theta^2 + \varphi\sigma_\varepsilon^2}\right)^2 (\sigma_\theta^2 +$

σ_{ε}^{2}）可知，φ 越小，D（P^{C}）越大，即投资者的过度自信程度越大（φ 越小），则资产价格的波动性越大，从而认为看涨期权的价值也会增大。

综上所述，当有信息投资者的过度自信程度越大（φ 越小）时，看涨期权的价值就越大，即将来卖出股票的期权价值增大，最终导致资产价格的上涨，从而论证了投资者情绪是资产定价的重要因素，这与韩立岩等人所作的实证研究结果相一致。

三　过度自信与A股溢价的理论关系

Mei，Sheinkman 和 Xiong（2003）通过实证检验得出 A 股市场相对于 B 股市场存在更多的投机交易，而投机交易的产生是由于投资者对信息的过度自信和卖空限制，并且发现投机指数（看涨期权的价值）的存在能够较好地解释 A 股溢价中的截面差异。下面建立包含看涨期权价值的资产价格模型，透过模型分析得出国内投资者的过度自信程度与 A 股溢价之间的关系。

设 P_{it}^{A} 为第 i 个公司在 t 时的 A 股价格，则 P_{it}^{A} 可表示为：

$$P_{it}^{A} = \frac{E_i}{R_{it}^{A} - g_i} + S_{it}^{A}$$

其中，R_{it}^{A}，g_i，E_i，S_{it}^{A} 分别为第 i 个公司 A 股的折现率，预期增长率，预期的现金流，A 股看涨期权的价值即将来重新卖出 A 股的期权价值。

同理设：

$$P_{it}^{B} = \frac{E_i}{R_{it}^{B} - g_i} + S_{it}^{B}$$

其中 R_{it}^{B}，S_{it}^{B} 为第 i 个公司 B 股的折现率，B 股看涨期权的价值即将来重新卖出 B 股的期权价值。为了简单起见，可设 B 股价格代表公司基础价值，即 $S_{it}^{B} = 0$，则第 i 个公司的 A－B 股溢价 ρ_{it} 可表示为：

$$\rho_{it} = \frac{P_{it}^{A} - P_{it}^{B}}{P_{it}^{B}} = \frac{R_{it}^{B} - g_i}{R_{it}^{A} - g_i} + \frac{S_{it}^{A}}{P_{it}^{B}} - 1$$

如果忽略 A，B 股的折现率差异，即当 $R_{it}^{A} = R_{it}^{B}$ 时，

$$\rho_{it} = \frac{S_{it}^{A}}{P_{it}^{B}} \tag{6-1}$$

由（6－1）式可知：A 股市场上投资者的过度自信程度越大（ φ 越小），S_{it}^{A} 越大，ρ_{it} 也越大，即 A 股相对于 B 股的溢价越大。

总之，由于投资者过度自信和卖空限制使得资产价格中包含看涨期权的价值，并且看涨期权的价值与投资者的过度自信程度有关。通过建立基于过度自信的 A 股溢价理论模型得出：在 A 股市场上投资者的过度自信程度与溢价之间存在正相关关系。

第三节　含有过度自信心理的 A，B 股价格模型

上节考虑了投资者对信息的过度自信和卖空限制所导致的投机交易的产生，而 A 股市场相对于 B 股市场存在更多的投机交易，从而得出了过度自信程度与溢价之间的关系，即随着国内 A 股市场上投资者过度自信程度的增大，A 股的溢价也增大。

本节我们要建立一个基于过度自信心理的 A－B 股价格模型，利用该模型分析投资者的过度自信程度与 A，B 股价格的关系。

一　基于过度自信心理的 A，B 股均衡价格模型

本模型把 Grossman 和 Stiglitz（1980）的资产定价模型（假定含噪声交易者是信息不对称的）扩展到两个分割的市场上：A 股市场和 B 股市场，两个市场上的无信息交易者都试图从 A 股的价格中推测国内有信息交易者的私人信息，当然，这种推测并不一定准确。

假定 A 股市场上国内投资者有两类：有信息投资者和无信息投资者，所占的比例分别为 λ 和 $1-\lambda$，并且当有信息投资者接收到私人信号时，过度估计自己所掌握信息的准确性，即有信息投资者为过度自信投资者。为了研究的方便，我们假定在 B 股市场上的国外投资者都是无信息交易者，只要国外投资者中有信息交易者所占的比例较小，下面分析所得的主要结论仍然成立。所有投资者都以 CARA 为效用函数，风险规避系数为 ρ（即风险承受参数 $\eta = 1/\rho$）。对同一上市公司发行的 A，B 股，未来终值相同，设为 $v \sim N(\bar{v},\sigma_v^2)$。设国内有信

息交易者收到关于证券未来终值的噪音私人信号为 S，且 $S = v + \varepsilon_S$，其中 $\varepsilon_S \sim N(0,\sigma_\varepsilon^2)$，信息的准确性为 $\frac{1}{\sigma_\varepsilon^2}$。有信息投资者过低估计 ε 的方差为 σ_c^2，即存在 $0 \leqslant \varphi < 1$ 使得 $\sigma_c^2 = \varphi\sigma_\varepsilon^2$，我们称 φ 为有信息投资者的过度自信系数。φ 越小，$\frac{1}{\varphi\sigma_\varepsilon^2}$ 越大，表明有信息投资者对信息的过度自信程度越高。国内无信息投资者和国外的投资者都没有收到私人信号，试图从 A 股的价格 P_A 中推测信息。设 A 股的资产供给为 $y \sim N(\bar{y},\sigma_y^2)$，B 股的资产供给为 $z \sim N(\bar{z},\sigma_z^2)$。为了方便讨论，把上述变量方差用准确度的形式表示，即设：

$$\tau_v = \frac{1}{\sigma_v^2},\ \tau_c = \frac{1}{\sigma_c^2} = \frac{1}{\varphi\sigma_\varepsilon^2} = \frac{1}{\varphi}\tau_\varepsilon,\ \tau_y = \frac{1}{\sigma_y^2},\ \tau_z = \frac{1}{\sigma_z^2}$$

设国内有信息投资者对 A 股的需求为 $x_A^I(P_A,S)$，国内无信息投资者对 A 股的需求为 $x_A^U(P_A)$，市场出清的条件为：

$$\lambda x_A^I(P_A,S) + (1-\lambda)x_A^U(P_A) = y$$

我们设 A 股的价格为私人信号和市场供给的线性函数，因此 A 股均衡价格可表示为：

$$P_A = \beta_0^A + \beta_S^A\Delta S + \beta_y^A\Delta y$$

其中 $\Delta S = S - \bar{S}$ 与 S，$\Delta y = y - \bar{y}$ 与 y 含有相同的信息。上述参数的意义是：

$$\beta_0^A = \frac{1}{(1+r)}\bar{v} - \frac{1}{(1+r)(\omega^I+\omega^U)}\bar{y}$$

$$\beta_S^A = \frac{1}{(1+r)(\omega^I+\omega^U)}\left\{\omega^I\frac{\tau_c}{\tau_v+\tau_c} + \omega^U\frac{\delta\tau_c}{\tau_v+\delta\tau_c}\right\}\ \beta_y^A = \frac{1}{(1+r)(\omega^I+\omega^U)}\left\{1 + \left(\omega^U\frac{\delta\tau_c}{\tau_v+\delta\tau_c}\right)\Big/\left(\omega^I\frac{\tau_c}{\tau_v+\tau_c}\right)\right\}$$

其中

$$\delta = \frac{\lambda^2\eta^2\tau_y\tau_c}{1+\lambda^2\eta^2\tau_y\tau_c},\ \omega^I = \lambda\eta(\tau_v+\tau_c)$$

$$\omega^U = (1-\lambda)\eta(\tau_v+\delta\tau_c),\ \tau_c = \frac{1}{\sigma_c^2} = \frac{1}{\varphi\sigma_\varepsilon^2}$$

设国外无信息交易者对 B 股的需求为 $x_B^U(P_A)$，由于在 B 股市场上不存在信息交易者，国外的无信息交易者只能从 A 股价格中推测有信息交易者的私人信号，所以 $x_B^U(P_A)$ 可设为 P_A 的函数。市场出清的条件满足：$x_B^U(P_A)=Z$，假定 B 股的价格为 B 股供给变化（$\Delta Z = Z - \bar{Z}$）的函数，因此 B 股均衡价格函数形式为：

$$P_B = \alpha_0 + \alpha_B P_A + \alpha_Z \Delta Z$$

由于 $P_A = \beta_0^A + \beta_S^A \Delta S + \beta_y^A \Delta y$，所以 B 股均衡价格可表示为：

$$P_B = \beta_0^B + \beta_S^B \Delta S + \beta_y^B \Delta y + \beta_Z^B \Delta Z$$

上述参数的意义是：

$$\beta_0^B = \frac{1}{(1+r)}\bar{v} - \frac{1}{(1+r)\omega^B}\bar{Z}$$

$$\beta_S^B = \frac{1}{(1+r)}\left(\frac{\delta\tau_c}{\tau_v + \delta\tau_c}\right)$$

$$\beta_y^B = \frac{1}{(1+r)}\left(\frac{\delta\tau_c}{\tau_v + \delta\tau_c}\right) / \left(\omega^I \frac{\tau_c}{\tau_v + \tau_c}\right)$$

$$\beta_Z^B = \frac{1}{(1+r)\omega^B}$$

其中

$$\omega^B = \eta(\tau_v + \delta\tau_c)$$

二　过度自信程度与 A，B 股价格的关系

从上述模型可以看出，A，B 股的价格是由一系列参数决定的，下面主要分析过度自信程度（φ）与 A，B 股价格的关系。为了便于分析，我们假定 $\Delta S = \Delta y = \Delta Z = 0$，则

$$P_A = \beta_0^A = \frac{1}{(1+r)}\bar{v} - \frac{1}{(1+r)(\omega^I + \omega^U)}\bar{y} \quad (6-2)$$

$$P_B = \beta_0^B \frac{1}{(1+r)}\bar{v} - \frac{1}{(1+r)\omega^B}\bar{Z} \quad (6-3)$$

$$P_A - P_B = \frac{1}{(1+r)\omega^B}\bar{Z} - \frac{1}{(1+r)(\omega^I + \omega^U)}\bar{y} \quad (6-4)$$

当 φ 越小，则 τ_c 越大，ω^I，ω^U 和 ω^B 也越大，由式（6－2）（6－

3）可知，当其他参数不变时，A，B 股的价格 P_A，P_B 也越高，从而得到过度自信程度与 P_A，P_B 是正相关的。

下面给定相关参数的取值，分别模拟过度自信系数 φ 与 P_A，P_B 和 $P_A - P_B$ 的关系图，假定 $\tau_v = \tau_\varepsilon = 5$；$\eta = 0.5$；$r = 0.02$；$\tau_y = \tau_z = 5$；$\bar{y} = \bar{z} = 6$；$\bar{v} = 3$；$\lambda = \frac{1}{3}$。

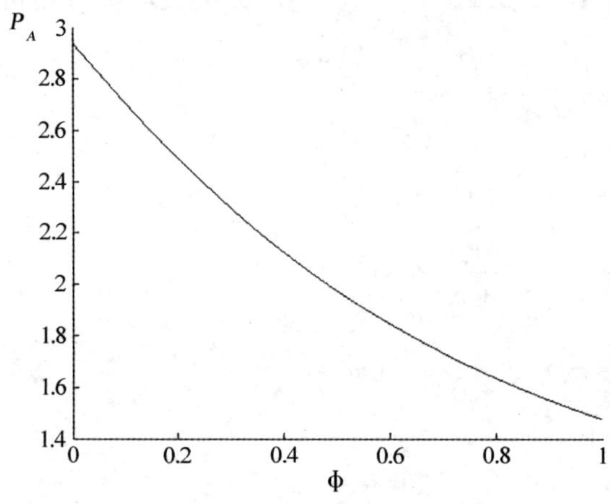

图 6－1　A 股的价格

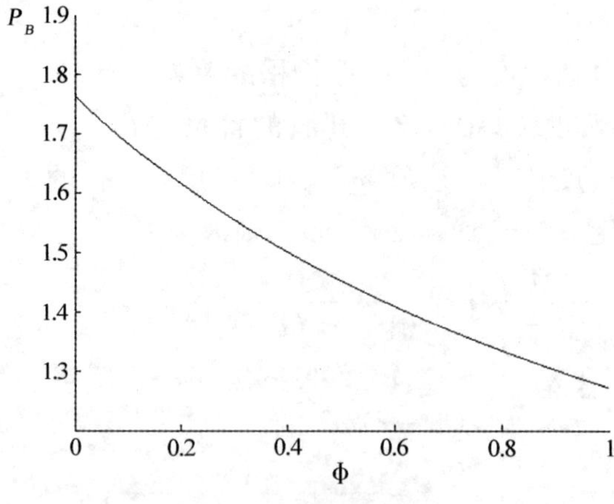

图 6－2　B 股的价格

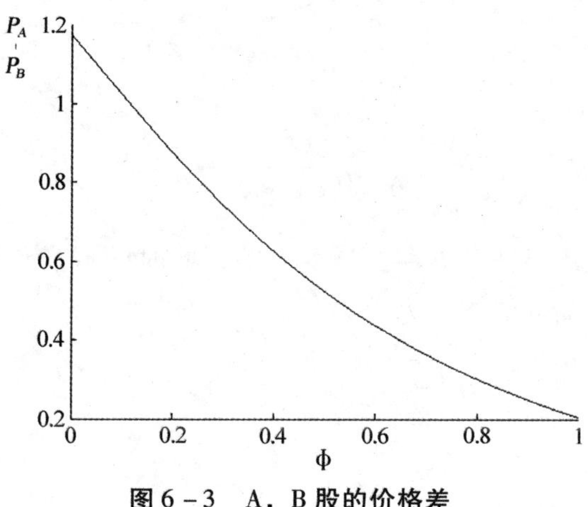

图6－3　A，B 股的价格差

由图6－1、图6－2可以看出，当其他参数不变时，A，B 股的价格 P_A，P_B 为过度自信系数 φ 的减函数，并且随着过度自信系数 φ 的减小（即过度自信程度的增大），P_A 相对于 P_B 上升得更高。由图6－3可知，$P_A - P_B$ 为过度自信系数 φ 的减函数。

通过分析上述模型和关系图可知：当 A 股市场上有信息交易者对私人信息的过度自信程度越大，A，B 股的价格越高，但是 A 股的价格要比 B 股的价格提升得更大，从而表现为当投资者的过度自信程度越严重，A－B 股的溢价就越大。

第四节　过度自信与溢价关系的实证分析

近年来，国外的一些研究者利用投资者的过度自信和自我归因偏差心理理论，建立了一些反映和解释金融市场现象的模型。迄今为止还没有建立起一个合适的指标来刻画投资者的过度自信程度，因此在行为金融框架下得到的一些金融理论都无法得到进一步的实证检验。本节首先构造一个指标来度量投资者的过度自信程度，然后通过实证检验过度自信程度与溢价之间的理论关系。

一　过度自信程度的度量指标

由第二节知基于投资者过度自信心理的均衡价格均方差：

$$\sigma_1 = \sqrt{D(P^C)} = (\frac{\sigma_\theta^2}{\sigma_\theta^2 + \varphi\sigma_\varepsilon^2})\sqrt{(\sigma_\theta^2 + \sigma_\varepsilon^2)}$$

当 $\varphi = 1$ 时

$$\sqrt{D(P^C)} = (\frac{\sigma_\theta^2}{\sigma_\theta^2 + \sigma_\varepsilon^2})\sqrt{(\sigma_\theta^2 + \sigma_\varepsilon^2)}$$

表明有信息交易者不存在过度自信，此时的资产价格反映了基础价值，所以基础价值的均方差为：

$$\sigma_0 = (\frac{\sigma_\theta^2}{\sigma_\theta^2 + \sigma_\varepsilon^2})\sqrt{(\sigma_\theta^2 + \sigma_\varepsilon^2)}$$

令

$$R = \frac{\sigma_1}{\sigma_0} = \frac{\sigma_\theta^2 + \sigma_\varepsilon^2}{\sigma_\theta^2 + \varphi\sigma_\varepsilon^2}$$

当其他参数不变时，R 与 φ 之间存在反向关系，即过度自信程度越严重（φ 越小），R 越大，所以 R 的大小反映了市场上有信息投资者的过度自信程度，下面给出刻画投资者过度自信程度的度量指标。

设资产 i 在第 t 期的价格均方差为：

$$\sigma_{it}^1 = \sqrt{\frac{1}{n_{it}}\sum_{j=1}^{n_{it}}(P_{it}^j - P_{it}^-)^2}$$

其中 n_{it}，P_{it}^-，P_{it}^j 分别代表资产 i 在第 t 期内的交易天数、平均价格及第 j 个交易日的资产价格。

同样设资产 i 在第 t 期的净资产价值均方差为：

$$\sigma_{it}^0 = \sqrt{\frac{1}{n_{it}}\sum_{j=1}^{n_{it}}(V_{it}^j - V_{it}^-)^2}$$

其中 V_{it}^-，V_{it}^j 分别代表资产 i 在第 t 期内的平均价值、第 j 个交易日的净资产价值。

把过度自信程度的度量指标定义为：

$$R_{it} = \frac{\sigma_{it}^1}{\sigma_{it}^0}$$

通过计算资产 i 在第 t 期内的价格和价值的均方差比来刻画投资者在第 t 期的过度自信程度，当投资者的过度自信程度越严重，R_{it} 应该越大。

二　数据说明

本节采用的交易数据来自广发证券，对 B 股价格进行折算时采用的是国家外汇局公布的当日美元对人民币的汇率中间价。本节仍选择 1998 年 6 月 1 日到 2008 年 1 月 31 日作为总的采样区间。只选取同时发行 A，B 股的沪市上市企业，除去 ST 和 PT，以及采样区间内交易记录不完整的企业，最后选定 32 家上市公司。对于选出的 32 家上市公司计算每年 4 月最后一个交易日的 A 股流通市值，然后按照从小到大的顺序排列，分别选前后十只股票作为随后一年的小市值组和大市值组（所选股票随后一年的月数据要超过六个且对选定的十只股票除去数据不全的月份）。

三　过度自信与溢价关系的实证分析

（一）建立回归模型

设第 i 种股票在第 t 个月的 A，B 股价格均方差分别为：

$$\sigma_{it}^{A} = \sqrt{\frac{1}{n_{it}^{A}}\sum_{j=1}^{n_{it}}(P_{it}^{Aj} - P_{it}^{\bar{A}})^2}$$

$$\sigma_{it}^{B} = \sqrt{\frac{1}{n_{it}^{B}}\sum_{j=1}^{n_{it}}(P_{it}^{Bj} - P_{it}^{\bar{B}})^2}$$

其中 n_{it}^{A}，n_{it}^{B} 为第 t 个月内 A，B 股的交易天数，P_{it}^{Aj}，P_{it}^{Bj}，$P_{it}^{\bar{A}}$，$P_{it}^{\bar{B}}$ 分别为第 t 个月第 j 个交易日的 A，B 价格和月平均价格。

设

$$R_{it}^{A} = \frac{\sigma_{it}^{A}}{\sigma_{it}^{0}},\ R_{it}^{B} = \frac{\sigma_{it}^{B}}{\sigma_{it}^{0}}$$

则

$$\frac{R_{it}^{A}}{R_{it}^{B}} = \frac{\sigma_{it}^{A}}{\sigma_{it}^{B}} \tag{6-5}$$

由于 R_{it}^{A} 和 R_{it}^{B} 刻画 A，B 股市场上投资者的过度自信程度，所以式（6－5）反映了 A，B 股市场上投资者的过度自信程度关系。当 A

股市场投资者的过度自信程度比 B 股市场上更严重时，$\frac{R_{it}^A}{R_{it}^B}$ 应该越大。为了检验 A 股市场上投资者的过度自信程度与溢价之间的关系，我们设定了如下回归模型：

$$\rho_{it} = a_i + b_i R_{it}^L + \varepsilon_{it}, \ i=1, 2, \cdots, 32 \qquad (6-6)$$

其中，$\rho_{it} = \frac{P_{it}^A - P_{it}^B}{P_{it}^B}$，$R_{it}^L = \ln(1 + \frac{R_{it}^A}{R_{it}^B}) = \ln(1 + \frac{\sigma_{it}^A}{\sigma_{it}^B})$ 为溢价和对数均方差比，P_{it}^A，P_{it}^B 为第 t 个月最后一个交易日的 A，B 股价格。由第二节结论可知：A 股市场上投资者的过度自信程度越大（φ 越小），A 股相对于 B 股的溢价 ρ_{it} 就越大，我们期望回归方程系数 b_i 为正值。

（二）样本总体的回归结果及分析

首先对于选定的 32 只股票进行了回归检验，检验结果如表 6－1 所示。

表 6－1　　一元回归结果

股票名称	截距	系数	R 平方	调整的 R 平方
900901	－0. 649682	1. 656048	0. 278856	0. 272417
	(－1. 841907)	(6. 58094)		
900903	0. 3397	0. 771355	0. 08872	0. 080656
	(1. 244658)	(3. 316839)		
900904	－2. 829786	4. 214223	0. 500948	0. 496195
	(－4. 272862)	(10. 26639)		
900905	－0. 743519	2. 605269	0. 193318	0. 186115
	(－1. 014922)	(5. 180761)		
900907	－0. 0818	2. 196071	0. 305168	0. 298851
	(－0. 138609)	(6. 950653)		
900908	－3. 949439	5. 444881	0. 362411	0. 356718
	(－3. 741978)	(7. 97883)		

续表

股票名称	截距	系数	R 平方	调整的 R 平方
900909	-1.897337	3.637453	0.316102	0.309996
	(-2.378508)	(7.194937)		
900910	-0.873425	2.573209	0.244369	0.237682
	(-1.338852)	(6.045162)		
900911	-0.421089	1.820918	0.167591	0.160158
	(-0.809751)	(4.748598)		
900912	-1.02675	2.443692	0.314628	0.30834
	(-1.924651)	(7.073729)		
900913	-2.095949	3.757156	0.457362	0.451881
	(-3.068156)	(9.134666)		
900914	-1.950152	3.35414	0.328304	0.322307
	(-3.158695)	(7.398789)		
900915	-2.130494	3.687034	0.343877	0.337181
	(-2.425084)	(7.166739)		
900916	1.648398	1.450816	0.198952	0.191863
	(3.018235)	(5.297663)		
900917	1.070914	0.869417	0.130397	0.122633
	(3.818386)	(4.098098)		
900918	1.065918	0.126834	0.354499	0.348735
	(17.16141)	(7.84274)		
900920	1.022477	1.192217	0.173201	0.165616
	(2.370765)	(4.778473)		
900921	-1.43781	2.970633	0.329583	0.32301
	(-2.304496)	(7.081248)		
900922	-1.475866	2.566222	0.445153	0.440063
	(-3.952968)	(9.351506)		
900923	-1.235477	2.457926	0.317367	0.311326
	(-2.541749)	(7.248139)		

续表

股票名称	截距	系数	R平方	调整的R平方
900924	-1.769593	3.281519	0.390775	0.385384
	(-2.722144)	(8.513618)		
900925	-1.971633	3.150535	0.425798	0.420671
	(-4.398206)	(9.113363)		
900926	1.35278	1.570236	0.243825	0.236412
	(2.276223)	(5.734936)		
900927	-2.517434	3.864005	0.430341	0.425115
	(-3.739465)	(9.07428)		
900928	-2.281613	3.552599	0.432589	0.427335
	(-4.0076)	(9.074042)		
900930	-0.244403	1.906883	0.215419	0.208287
	(-0.465518)	(5.495657)		
900932	0.415228	1.068955	0.102381	0.094367
	(1.036893)	(3.574151)		
900933	-0.648993	2.299022	0.279727	0.273238
	(-1.507522)	(6.565682)		
900934	-1.160136	2.44392	0.293707	0.287344
	(-2.47708)	(6.794012)		
900937	-0.200154	1.353496	0.167649	0.16015
	(-0.613704)	(4.728334)		
900941	0.664548	0.499683	0.664548	0.499683
	(2.182929)	(2.04795)		
900942	0.845331	0.441135	0.030559	0.021903
	(2.986819)	(1.878958)		

注：上述回归方程系数在5%水平下均显著，括号中为t检验值。

表6-1显示，回归系数都通过了显著性检验，并且回归系数都为正，说明A股市场上投资者的过度自信与溢价之间存在显著的正向关系，即A股市场上投资者的过度自信程度越严重，A股的溢价相对就越大。为了反映A，B市场上投资者的过度自信程度与溢价之间的总体关系，我们建立平均对数均方差比与平均溢价之间的回归模型：

$$\bar{\rho}_t = \bar{a} + \bar{b}\bar{R}_t^L + \bar{\varepsilon}_t \qquad (6-7)$$

其中 $\bar{\rho}_t$，$\bar{R}_t^L$ 为 32 只股票在第 t 个月的平均溢价和平均对数均方差比，回归结果见表 6－2。

表 6－2　　平均溢价与平均对数均方差比的回归结果

截距	平均对数均方差比	R 平方	调整的 R 平方
－2.968184 ** (－4.979490)	4.032298 ** (9.603125)	0.449371	0.444499

注：＊＊表示在 5 % 的置信度上显著，＊表示在 10 % 的置信度上显著；括号中为 t 检验值。以下各表同。

从表 6－2 看出，平均溢价和平均对数均方差比之间也具有显著的正向关系，说明 A 股市场上投资者的过度自信程度与溢价之间呈同方向变动，总体上，A 股市场投资者的过度自信程度越严重，则 A 股的溢价就越大。为了进一步分析投资者过度自信程度与溢价之间的相关关系是否受其他因素的影响，我们考虑把样本区间分为三个阶段：1998.6—2001.6（包含 B 股市场的开放）；2001.7—2005.1（市场低迷期）；2005.2—2008.1（市场活跃期），回归模型同上。回归结果见表 6－3。

表 6－3　　分段回归结果

时间	截距	平均对数均方差比	R 平方	调整的 R 平方
1998.6—2001.6	－0.655333 (－0.756835)	3.819748 ** (7.463526)	0.614130	0.603106
2001.7—2005.1	1.238538 ** (12.52434)	－0.069819 (－0.922185)	0.020818	－0.003662
2005.2—2008.1	0.246602 (1.241400)	0.625377 ** (3.862437)	0.304965	0.284523

由表 6－3 可以看出，第一、三阶段的回归系数都显著为正，并且第一阶段的回归系数明显大于第三阶段的回归系数，说明了投资者的过度自信与溢价之间具有显著的正向关系，并且第一阶段投资者的

过度自信对溢价的影响比第三阶段更大。但第二阶段回归系数和回归方程均不显著，说明投资者的过度自信与溢价之间的相关关系较弱。

分析表明，当市场比较活跃时，投资者收到的信息多为利好信息，此时有信息投资者的过度自信与溢价之间存在显著的正向关系，即投资者的过度自信程度越严重，A 股的溢价相对就越大。所得的实证结果与第二节的理论相一致。B 股在对境内居民开放之前，可能受市场制度和投资者结构显著不同等一些因素的影响，使得投资者的过度自信与溢价之间的相关关系更强（调整的 R 平方 = 0.603106），A 股市场上投资者情绪的变化对溢价的影响更深。而当市场处于低迷状态时，投资者收到的多为利空消息，资产价格稳定在基础价值的附近，表现为 A 股的溢价是相对稳定的，实际上，第二阶段的平均溢价几乎是稳定的，从而实证结果表现为溢价和过度自信程度的相关关系很弱，说明此阶段溢价的产生主要与其他非情绪因素有关。

为了进一步分析过度自信与溢价之间的相互影响，我们做了对数均方差比与溢价的 Grange 因果检验，结果见表 6 - 4。

表 6 - 4　**对数均方差比与溢价的 Granger 因果检验**

1998.6—2001.6	lag：1	lag：2	lag：3	lag：4
FCB does not Granger Cause YJ	1.00200	3.06453 *	1.86086	1.46961
YJ does not Granger Cause FCB	22.7923 **	8.77475 **	5.37785 **	4.46510 **
2001.7—2005.1	lag：1	lag：2	lag：3	lag：4
FCB does not Granger Cause YJ	1.18647	1.52375	1.39432	1.69841
YJ does not Granger Cause FCB	3.02985 *	1.20724	0.75049	0.52599
2005.2—2008.1	lag：1	lag：2	lag：3	lag：4
FCB does not Granger Cause YJ	2.04368	3.11766 *	2.60852 *	2.41267 *
YJ does not Granger Cause FCB	1.54707	5.93882 **	5.70926 **	4.17963 **

注：FCB 是对数均方差比，YJ 是溢价。

由表 6 - 4 可以看出，第一阶段溢价对对数均方差比具有引导关系，反之则不显著。第二阶段投资者的过度自信程度与溢价之间不具有Granger因果关系，第三阶段投资者的过度自信与溢价之间存在Granger因果关系。进一步说明了在B股开放之前，A股市场上投资者过度自信的产生受A股溢价的引导，在B股市场开放之后，当市场相对萎靡时，投资者的过度自信与溢价之间的引导关系不显著，这与表6-3的结论一致，而当市场相对活跃时，投资者的过度自信与溢价相互影响。

（三）不同市值组的回归结果及分析

国内外的实证研究已表明，小市值型股票价格更易受投资者情绪的影响。并且本书第三章的理论模型解释了由于小市值股票更易受套利的限制，对新信息的反馈较慢导致短期内市场反馈信息的不确定性，从而加重了投资者的市场情绪。另外，第五章的实证结论也表明了国内小市值股票更易受投资者市场情绪的影响。由于过度自信是投资者的一种具体情绪，为了进一步检验不同类型的股票受投资者情绪影响的程度不一样，我们考虑了不同市值组的溢价和过度自信程度之间的关系。

下面给出在整个样本区间大小市值组的平均溢价和平均对数方差比（按流通市值加权）的回归关系。

表6-5　不同股票组合的平均溢价和平均对数方差比的回归结果

1998.6—2008.1	截距	对数均方差比	R平方	调整的R平方
小市值组	-2.43088 ** (-4.44517)	3.571804 ** (9.921208)	0.50625	0.501107
大市值组	-1.27901 ** (-2.63799)	2.478974 ** (6.454384)	0.280232	0.273505

注：**表示在5%的置信度上显著，*表示在10%的置信度上显著。括号中为t检验值。以下各表同。

由表6-5可以看出，在整个样本期间两个市值组的回归系数均显著为正，小市值组的回归系数明显大于大市值组。由于对数均方差比反映投资者的过度自信程度，说明两个市值组的溢价都与国内有信息投资者的过度自信程度正相关，而小市值组表现出较高的相关性并且溢价受投资者过度自信程度的影响较深。为了进一步分析投资者过度自信程度与溢价之间的相关关系是否受其他因素的影响，我们考虑把样本区间分为三个阶段：1998.6—2001.4（包含B股市场的开放）；2001.5—2005.4（市场低迷期）；2005.5—2008.1（市场活跃期），回归模型同上，回归结果见表6-6。

表6-6 **不同股票组合在三个不同时间段上的回归结果**

按流通市值划分的各组溢价	时间	截距	对数均方差比	R平方	调整的R平方
小市值组	1998.6—2001.4	0.160162 (0.169423)	3.273101 ** (6.697482)	0.642122	0.627807
	2001.5—2005.4	1.155912 (8.235246)	0.138948 (1.317538)	0.037955	0.01609
	2005.5—2008.1	0.114233 (0.334588)	1.0016 ** (3.874406)	0.394912	0.368604
大市值组	1998.6—2001.4	1.524771 (1.888913)	1.604754 ** (2.946874)	0.213451	0.188872
	2001.5—2005.4	0.636156 (6.527882)	0.200108 (2.412559)	0.112319	0.093022
	2005.5—2008.1	0.403064 (2.2352)	0.228626 (1.395894)	0.072305	0.035198

从表6-6可以看出，投资者过度自信程度对溢价的影响不仅与公司的特征有关，也与市场制度和整体情绪有关。在B股市场开放之前，（第一阶段）大小市值组的溢价都与投资者的过度自信程度显著正相关，并且小市值组的相关性较强，投资者过度自信程度对溢价的影响也较深。在B股市场开放之后，当市场整体处于低迷期（第二阶段）时，两个市值组的溢价与投资者的过度自信程度之间不存在显著的相关关系，说明在市场低迷期溢价的产生主要与其他非情绪因素有关（实际上这一阶段的平均溢价几乎是稳定的）；当市场整体情绪高涨时（第三阶段），小市值组的溢价与投资者的过度自信程度显著正相关，而大市值组的这种相关性较弱。

为了进一步分析投资者过度自信与不同市值组溢价之间的相互引

导关系，我们做了 Granger 因果关系检验，结果见表 6 - 7。

表 6 - 7　　过度自信和溢价的 Granger 因果检验

	1998.6—2008.1	lag：1	lag：2	lag：3	Lag：4
小市值组	FCB does not Granger Cause YJ	3.079941 *	2.310959 *	1.363526	1.007808
	YJ does not Granger Cause FCB	27.53885 **	11.85993 **	6.664691 **	6.158311 **
		lag：1	lag：2	lag：3	Lag：4
大市值组	FCB does not Granger Cause YJ	1.275403	4.84991 **	4.921427 **	3.707134 **
	YJ does not Granger Cause FCB	23.67962 **	8.746641 **	4.597152 **	3.196316 **

由表 6 - 7 知，大小市值组的平均溢价与投资者过度自信之间具有双向引导关系，但大市值组的双向引导关系更显著，说明大市值组的溢价与过度自信之间是相互影响的，而小市值组投资者的过度自信更可能受溢价的影响。

2008 年爆发的金融危机给我国的外部投资环境带来了复杂而深刻的变化，也对我国的金融市场带来了影响，与此同时，A，B 股的价差也发生了一定的变化，但 A 股的溢价现象仍未消除（见图 6 - 4）。为了进一步验证金融危机发生以来溢价的产生仍然与投资者的过度自信心理有关，我们选择 2009.11—2014.10 为第二个采样区间，除去 ST 和 PT，以及采样区间内交易记录不完整的企业，最后选定 40 家上市公司，同样按照流通市值划分大小市值组。由表 6 - 8 知，2009.11—2012.10（此阶段市场相对低迷）溢价与过度自信程度不存在相关性，即溢价的产生主要由非情绪因素引起，而 2012.11—2014.10 溢价与过度自信程度相关性较强。由表 6 - 9 可知，小市值组的溢价与投资者的过度自信程度显著正相关，而大市值组的这种相关性较弱，进一步验证了小市值组的溢价更易受投资者情绪的影响。但随着市场制度的越来越完善，投资者情绪对溢价的影响也越来越小。

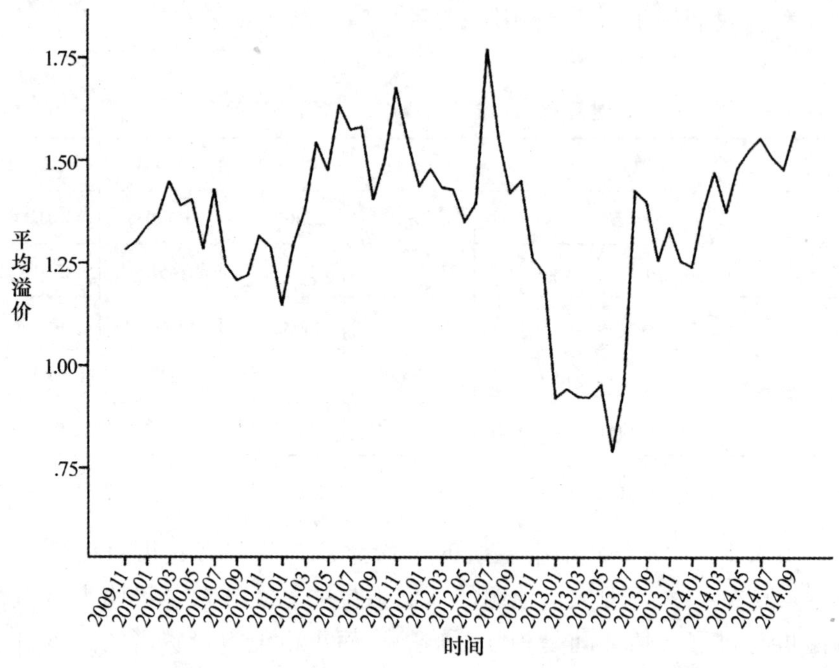

图 6－4　2009. 11—2014. 10 小市值组的平均溢价

表 6－8　溢价与对数均方差比的相关系数

小市值组	2009. 11—2012. 10	2012. 11—2014. 10
相关系数	－0. 071	0. 718 **

表 6－9　2012. 11—2014. 10 样本区间的回归结果

2012. 11—2014. 10	截距	对数均方差比	R 平方	调整的 R 平方
小市值组	0. 509 ** （3. 204）	0. 448 ** （4. 835）	0. 515	0. 493
大市值组	0. 345 * （1. 964）	0. 181 * （1. 433）	0. 085	0. 044

总之，随着国内市场制度的越来越完善，投资者也逐渐趋于理性，从而导致溢价和过度自信之间相关程度的相对下降。Baker（2005）通

过研究美国市场截面股票收益，发现投资者的情绪对不易估值和套利的股票影响更大，如小市值股票。本节实证结果也表明了小市值型的股票更易受投资者过度自信（一种具体情绪）的影响。

第五节　小结

作为普通人而非理性人的投资者，他们的判断与决策过程会不由自主地受到各种心理因素的影响，形成金融市场上较为普遍的行为偏差。目前的研究表明，过度自信是投资者最为普遍的心理偏差，是情绪的一种具体化，也是造成投资者各种行为偏差最主要的心理因素。国内外研究者基于投资者过度自信的心理建立了定价模型，对金融市场的资产定价进行深入的研究，理论研究表明，投资者的过度自信影响到资产的价格。为了进一步分析过度自信与资产价格之间的关系，本章以过度自信作为情绪的具体代表，分析投资者过度自信与 A 股溢价之间的理论关系，首先建立了基于国内有信息投资者过度自信的 A，B 股价格模型，模型分析表明：投资者的过度自信程度越严重，A－B 股的溢价就越严重，理论上论证了投资者的情绪与 A－B 股溢价有关。然后构建度量投资者过度自信程度的指标，研究投资者过度自信与 A 股溢价之间的实证关系，对大小市值组在不同样本期的回归结果研究表明：在 B 股开放之前，过度自信程度与溢价之间的相关性较强，在 B 股开放之后其相关性下降。当市场处于低迷期时，相关性几乎不存在。同时还发现，小市值组与溢价之间的相关性要比大市值组更明显，这进一步说明了投资者的过度自信程度对溢价的影响不仅与公司的特征有关，也与市场制度和整体情绪有关。总之，随着国内市场制度的越来越完善，投资者逐渐趋于理性，从而导致溢价和过度自信程度之间的相关程度也逐渐下降。

另外，上述结论对缩小 A－B 股的价差有着一定的政策含义：首先，由于 A 股市场上过度自信投资者的存在导致了 A－B 股溢价增大，我们要适当引导投资者，规范其非理性的投资行为。其次，过度自信行为的产生是由于信息不对称导致的，因此要对上市公司的信息披露加以监管，尤其对规模较小的公司。最后应加强对机构投资者的教育培训，相对于个体投资者，机构投资者在搜集和处理信息方面更加理性，当 A 股市场上机构投资者占市场的主体时，市场会变得更有效率，从而 A－B 股溢价也会缩小。

第七章　过度自信与资产收益率的关系

行为金融主要是从投资者的心理和行为出发来解释金融市场上所存在的诸多异常现象的，其中代表性的行为模型主要有 BSV（1998）、DHS（1998）、HS（1999）和羊群效应模型。目前国内外研究学者通过实证检验发现，投资者的市场情绪和股票收益率之间具有相关性，并且其估值受主观影响较大，很难套利的股票更容易受投资者情绪的影响。国内研究者则以中国市场作为样本，检验了情绪对市场收益的影响，利用投资者情绪解释中国封闭式基金折价，A－B 股的溢价和 IPOs 抑价等金融异象，论证了投资者情绪是资产定价的重要因素。大量认知心理学认为，过度自信是一种普遍的心理现象，De Bondt 和 Thaler 认为，过度自信在判断心理方面是最经得起考验的。近年来，国内外研究者也建立了许多基于过度自信的行为模型，分析了过度自信对金融市场的影响，并从理论上解释了一些金融异象，如短期动量和长期反转，交易量和波动性之谜等。通过对不同证券市场的研究发现：许多成熟的证券市场上存在着过度自信行为，同样在中国市场上投资者也存在过度自信的倾向，并且利用过度自信能够较好地解释中国市场上存在的 A－B 股的价格差异现象。因此本节以过度自信心理作为投资者情绪代表建立基于过度自信的资产均衡价格模型，分析投资者过度自信行为如何影响资产的收益率，最后通过实证来检验投资者过度自信与股票收益率之间的相关关系。

第一节 基于过度自信的资产均衡价格模型

为了研究方便，假定市场上的投资者分为两类：有信息投资者和无信息投资者，而有信息投资者为过度自信，即有信息投资者接收到私人信号时，过度估计自己所掌握信息的准确性，所占的比例分别为 λ 和 $1-\lambda$，风险规避系数为 ρ（即风险承受参数 $\eta = \frac{1}{\rho}$），把未来终值设为 v $\sim N(\bar{v},\sigma_v^2)$。设有信息投资者接收到的关于证券未来终值的噪音私人信号为 S，且 $S = v + \varepsilon_S$，其中 $\varepsilon_S \sim N(0,\sigma_\varepsilon^2)$，信息的准确性为 $\frac{1}{\sigma_\varepsilon^2}$。有信息投资者过低估计 ε 的方差为 σ_c^2，即存在 $0 < \varphi \leqslant 1$ 使得 $\sigma_c^2 = \varphi\sigma_\varepsilon^2$，其中 φ 为有信息投资者的过度自信系数。φ 越小，σ_c^2 越小，表明有信息投资者对信息的过度自信程度越高。设股票的市场供给为 $y \sim N(\bar{y},\sigma_y^2)$。为了便于讨论，把上述变量方差都用准确度的形式来表示，即设 $\tau_v = \frac{1}{\sigma_v^2}$，$\tau_c = \frac{1}{\sigma_c^2} = \frac{1}{\varphi\sigma_\varepsilon^2} = \frac{1}{\varphi}\tau_\varepsilon$，$\tau_y = \frac{1}{\sigma_y^2}$。首先建立一个基于过度自信心理的股票价格模型，分析投资者过度自信程度与股价之间的关系。

设股票价格受证券未来终值的噪音私人信号 S 和市场供给 y 的影响，为了便于分析，不妨假定它们之间存在如下线性关系，即

$$P = \beta_0 + \beta_S \Delta S - \beta_y \Delta y \quad \text{其中 } \Delta S = S - \bar{S}, \Delta y = y - \bar{y} \tag{7-1}$$

设基于过度自信的有信息投资者的需求函数为：

$$x^I(P,S) = \frac{E_\varphi[v|S] - P(1+r)}{\rho \operatorname{var}_\varphi[v|S]} \tag{7-2}$$

$$E_\varphi[v|S] = \bar{v} + \frac{\sigma_v^2}{\sigma_v^2 + \sigma_c^2}(S - \bar{S}) = \bar{v} + \frac{\tau_c}{\tau_c + \tau_v}\Delta S \tag{7-3}$$

$$\operatorname{var}_\varphi[v|S] = \frac{\sigma_v^2\sigma_c^2}{\sigma_v^2 + \sigma_c^2} = \frac{1}{\tau_v + \tau_c} \tag{7-4}$$

由式（7-3）（7-4）得：

$$x^I(P,S) = \eta[(\bar{v} - P(1+r))(\tau_c + \tau_v) + \tau_c \Delta S] \tag{7-5}$$

在股票市场上无信息投资者根据股票的价格变化对未来终值形成预期，因此假定无信息投资者的需求函数为：

$$x^U(P) = \frac{E[v|P] - P(1+r)}{\rho \mathrm{var}[v|P]} \tag{7-6}$$

由式（7－1）得：

$$E[v|P] = \bar{v} + \frac{\beta_S \sigma_v^2}{(\beta_S)^2(\sigma_v^2 + \sigma_c^2) + (\beta_y)^2 \sigma_y^2} \Delta P$$

$$= \bar{v} + \frac{1}{\beta_S} \frac{\delta \tau_c}{\tau_v + \delta \tau_c} \Delta P \ (\Delta P = P - EP) \tag{7-7}$$

$$\mathrm{var}[v|P] = \sigma_v^2 - \frac{(\beta_S)^2 (\sigma_v^2)^2}{(\beta_S)^2 (\sigma_v^2 + \sigma_c^2) + (\beta_y)^2 \sigma_y^2}$$

$$= \sigma_v^2$$

$$\left[\frac{(\beta_S)^2 \sigma_c^2 + (\beta_y)^2 \sigma_y^2}{(\beta_S)^2 (\sigma_v^2 + \sigma_c^2) + (\beta_y)^2 \sigma_y^2}\right]$$

或

$$\frac{1}{\mathrm{var}[v|P]} = \frac{1}{\sigma_v^2}\left[1 + \frac{(\beta_S)^2 \sigma_v^2}{(\beta_S)^2 \sigma_c^2 + (\beta_y)^2 \sigma_y^2}\right]$$

$$= \tau_v + \frac{\tau_y \tau_c}{\tau_y + h^2 \tau_c} = \tau_v + \delta \tau_c \tag{7-8}$$

其中

$$\delta = \frac{\tau_y}{\tau_y + h^2 \tau_c}, \quad h = \frac{\beta_y}{\beta_S}$$

将式（7－7）（7－8）代入式（7－6）得：

$$x^U(P) = \eta(\tau_v + \delta \tau_c)\left[\bar{v} + \frac{1}{\beta_S} \frac{\delta \tau_c}{\tau_v + \delta \tau_c} \Delta P - P(1+r)\right] \tag{7-9}$$

市场出清的条件为：

$$\lambda x^I(P,S) + (1-\lambda) x^U(P) = \mathrm{y} \tag{7-10}$$

将式（7－5）（7－9）代入式（7－10）得：

$$\omega^I\left[(\bar{v} - P(1+r)) + \frac{\tau_c}{(\tau_c + \tau_v)} \Delta S\right] +$$

$$\omega^U\left[\bar{v}+\frac{1}{\beta_S}\frac{\delta\tau_c}{\tau_v+\delta\tau_c}(P-\beta_0)-P(1+r)\right]=y \tag{7-11}$$

其中

$$\omega^I=\lambda\eta(\tau_c+\tau_v),\omega^U=(1-\lambda)\eta(\tau_v+\delta\tau_c)$$

进一步整理式（7－11）得：

$$P=M\left[(\omega^I+\omega^U)\bar{v}-\bar{y}-\omega^U\frac{1}{\beta_S}\frac{\delta\tau_c}{\tau_v+\delta\tau_c}\beta_0+\omega^I\frac{\tau_c}{(\tau_c+\tau_v)}\Delta S-\Delta y\right] \tag{7-12}$$

其中

$$M=\frac{1}{(\omega^I+\omega^U)(1+r)-\omega^U\frac{1}{\beta_S}\frac{\delta\tau_c}{\tau_v+\delta\tau_c}}$$

对照式（7－1）（7－12）得：

$$\beta_0=M\left[(\omega^I+\omega^U)\bar{v}-\bar{y}-\omega^U\frac{1}{\beta_S}\frac{\delta\tau_c}{\tau_v+\delta\tau_c}\beta_0\right] \tag{7-13}$$

$$\beta_S=M\omega^I\frac{\tau_c}{(\tau_c+\tau_v)} \tag{7-14}$$

$$\beta_y=M \tag{7-15}$$

由式（7－13）（7－14）（7－15）得：

$$\beta_0=\frac{1}{(1+\mathrm{r})}\bar{v}-\frac{1}{(1+\mathrm{r})(\omega^I+\omega^U)}\bar{y} \tag{7-16}$$

$$\beta_S=\frac{1}{(\omega^I+\omega^U)(1+r)}\left(\frac{\tau_c}{\tau_v+\tau_c}\omega^I+\frac{\delta\tau_c}{\tau_v+\delta\tau_c}\omega^U\right) \tag{7-17}$$

$$\beta_y=\frac{1}{(\omega^I+\omega^U)(1+r)\frac{\tau_c}{\tau_v+\tau_c}\omega^I}\left(\frac{\tau_c}{\tau_v+\tau_c}\omega^I+\frac{\delta\tau_c}{\tau_v+\delta\tau_c}\omega^U\right) \tag{7-18}$$

当无意外信号出现和供给发生变化时（$\Delta S=0$，$\Delta y=0$）

$$P=\beta_0=\frac{1}{(1+r)}\bar{v}-\frac{1}{(1+r)(\omega^I+\omega^U)}\bar{y} \tag{7-19}$$

从上述模型可以看出，股票价格是由一系列参数决定的，当其他参数不变时，φ 越小，则 τ_c 越大，ω^I，ω^U 也越大，由式（7－19）可知股票价格也越高，从而得到过度自信程度与股价之间的关系，即市场上有信息投资者的过度自信程度越大（φ 越小），价格越高，收益率也就越大。

第二节　过度自信与股票收益率的实证研究

一　过度自信程度的度量指标及样本选取

设资产 i 在第 t 期的价格均方差为 $\sigma_{it}^{1} = \sqrt{\frac{1}{n_{it}} \sum_{j=1}^{n_{it}} (P_{it}^{j} - \bar{P}_{it})^{2}}$。其中，$n_{it}$，$\bar{P}_{it}$，$P_{it}^{j}$ 分别代表资产 i 在第 t 期内的交易天数、平均价格及第 j 个交易日的资产价格。同样设资产 i 在第 t 期的净资产价值均方差为 $\sigma_{it}^{0} = \sqrt{\frac{1}{n_{it}} \sum_{j=1}^{n_{it}} (V_{it}^{j} - \bar{V}_{it})^{2}}$，其中 $\bar{V}_{it}$，V_{it}^{j} 分别代表资产 i 在第 t 期内的平均价值 、第 j 个交易日的净资产价值。

把过度自信程度的度量指标定义为：$O_{it} = \frac{\sigma_{it}^{1}}{\sigma_{it}^{0}}$，当投资者在第 t 期内的过度自信程度越大，资产价格波动也就越大，表现为 σ_{it}^{1} 越大，从而 O_{it} 也就越大。因此 O_{it} 在一定程度上反映了投资者在第 t 期内的过度自信程度。

本章采用的交易数据来自锐思数据库，选择 2005 年 5 月到 2008 年 4 月作为第一采样区间（市场的活跃期）。2009 年 11 月到 2012 年 10 月为第二采样区间，2012 年 12 月到 2015 年 11 月为第三采样区间。

二　回归模型及结果分析

由于数据的限制，考虑到每股净资产 V_{it}^{j} 为季度数据且一年内波动较小，我们规定一年内 σ_{it}^{0} 为恒定值。

检验投资者的过度自信程度与股票收益率之间的关系，设定了如下回归模型：

$$R_{it} = a_{i} + b_{i} O_{it}^{L} + \varepsilon_{it}$$

其中 $R_{it}=\dfrac{P_{it}-V_{it}}{V_{it}}$ 且一个季度内 V_{it}^{i} 为恒定值。$O_{it}^{L}=\ln(1+O_{it})=\ln(1+\dfrac{\sigma_{it}^{1}}{\sigma_{it}^{0}})$，分别为收益率和对数均方差比，$P_{it}$ 为第 i 只股票第 t 个月最后一个交易日的价格。由上一节结论得出：当市场上投资者的过度自信程度越大（φ 越小）时，股票收益率 R_{it} 也越大。所以我们期望回归方程系数 b_i 为正值。

首先我们以中国联通（600050）和神奇制药（600613）分别代表大、小市值型股票，然后给出在第一个样本区间内股票收益率和对数均方差比之间的回归关系。

表 7-1　第一个样本期的收益率和过度自信的回归结果

2005.5—2008.4	截距 a	斜率 b	R 平方	调整的 R 平方
大市值	-1.194 (-2.153)	4.172 (4.358)	0.358	0.34
小市值	-0.283 (-0.154)	6.105 (4.653)	0.389	0.371

由表 7-1 可知，两只股票的回归系数都显著为正值，并且小市值股票（神奇制药）的回归系数要大于大市值股票（中国联通）的回归系数，说明这两种市值的股票收益率都与国内有信息投资者的过度自信程度显著正相关，而小市值股票表现出较高的相关性，表明小市值型股票的价格相比大市值型股票，更容易受投资者过度自信程度的影响。

2008 年爆发的金融危机对我国的外部投资环境带来一定的影响，导致我国金融市场一直处于低迷状态。为了进一步验证金融危机发生以来股票收益率与投资者过度自信程度的关系，我们选择 2009.11—2012.10 为第二个采样区间，2012.12—2015.11 为第三个采样区间。

下面给出第二个样本区间大市值型股票：工商银行（601398）和小市值型股票：宝诚股份（600892）的收益率和对数均方差比的回归关系。

表 7 - 2　　第二个样本期的收益率和过度自信的回归结果

2009. 11—2012. 10	截距 a	斜率 b	R 平方	调整的 R 平方
大市值	0. 453 (1. 578)	0. 336 (0. 488)	0. 007	- 0. 022
小市值	- 29. 895 (- 11. 438)	3. 159 (2. 085)	0. 113	0. 087

从表 7 - 2 可知，两只股票的回归系数都为正值，并且小市值型股票（宝诚股份）的回归系数要大于大市值型股票（工商银行）的回归系数，说明在第二个样本期内两种市值的股票收益率都与国内有信息投资者的过度自信程度呈正相关，而小市值型股票的相关性更强，同样表明小市值型股票的价格相比大市值型股票更容易受投资者过度自信程度的影响。但总体来说，股票收益率与过度自信程度的相关程度下降，尤其对于大市值型股票而言，表明在第二个样本区间也就是市场低迷期，大市值的股票价格受投资者过度自信程度的影响相对较小，可能受其他因素的影响较大。

最后给出第三个样本区间大市值型股票——工商银行（601398）和小市值型股票——明星电缆（603333）的溢价和对数均方差比的回归关系。

表 7 - 3　　第三个样本期的收益率和过度自信的回归结果

2012. 12—2015. 11	截距 a	斜率 b	R 平方	调整的 R 平方
大市值	0. 037 (0. 879)	0. 011 (1. 255)	0. 042	0. 014
小市值	0. 596 (5. 872)	0. 001 (7. 629)	0. 631	0. 62

由表 7 - 3 可知，两只股票的回归系数都为正，但比较小，说明在第三个样本期内不管是大市值型还是小市值型股票，其收益率均受投资者过度自信的影响程度减弱。

总的来说，投资者的过度自信对大小市值型股票收益率的影响显著，而小市值型股票更易受投资者过度自信程度的影响。表明随着市场制度的越来越完善，投资者也越来越趋于理性，从而导致股票收益率的产生主要受其他非情绪因素的影响。

由于单只股票的数据对整个市场的影响因素比较小，实证得出的结论不能完全反映整个市场的情况，也就不能完全描述投资者过度自信程度对所有大小市值型股票的影响。因此，下面给出三个样本区间的大市值组和小市值组平均溢价与平均对数均方差比的回归关系。具体操作如下：计算每年4月最后一个交易日的沪市A股的流通市值，按照从小到大的顺序排列，然后除去ST和PT，分别选择前后十只股票作为随后一年的小市值组和大市值组（所选股票在随后一年的月数据要超过六个且对选定的十只股票除去数据不全的月份）。

下面给出在第一个样本区间大、小市值组的平均收益率和平均对数均方差比（按流通市值加权）的回归关系。

表7-4　**第一个样本期的平均收益率和过度自信的回归结果**

2005.5—2008.4	截距a	斜率b	R平方	调整的R平方
大市值组	-1.003 * (-1.386)	3.419 ** (5.882)	0.504	0.490
小市值组	1.274 (0.196)	2.527 * (1.680)	0.077	0.05

由表7-4可以看出，在第一个样本期间，两个市值组的回归系数均显著为正，大市值组的回归系数要大于小市值组。由于对数均方差比反映投资者的过度自信程度，说明两个市值组的收益率都与有信息投资者的过度自信程度正相关，而大市值组表现出较高的相关性，表明大市值组股票收益率更易受投资者过度自信程度的影响。

表7-5　**第二个样本期的平均收益率和过度自信的回归结果**

2009.11—2012.10	截距a	斜率b	R平方	调整的R平方
大市值组	1.112 ** (4.492)	-0.066 (-0.291)	0.002	-0.027
小市值组	1.377 (0.441)	-0.984 (-0.926)	0.025	-0.004

由表 7－5 可以看出，两个市值组的收益率与投资者的过度自信程度之间不存在显著的相关关系，说明在市场低迷期（第二个样本期）股票收益率主要受其他非情绪因素的影响。

表 7－6　　第三个样本期的平均收益率和过度自信的回归结果

2012.12—2015.11	截距 a	斜率 b	R 平方	调整的 R 平方
大市值组	0.143 (1.227)	0.094 * (1.609)	0.071	0.043
小市值组	28.137 ** (4.078)	－4.974 ** (－2.941)	0.203	0.197

由表 7－6 可以看出，在第三个样本期间两个市值组的回归系数均为显著，由于对数均方差比反映投资者的过度自信程度，说明两个市值组的收益率都与国内有信息投资者的过度自信程度相关，而小市值组表现出较高的相关性，表明在第三个样本期内小市值组的股票收益率更易受投资者过度自信程度的影响。

下面给出了在总的样本期内大小市值组的股票收益率和投资者过度自信程度之间的关系。

表 7－7　　总样本期的平均收益率和过度自信的回归结果

整个样本期	截距 a	斜率 b	R 平方	调整的 R 平方
大市值组	1.659 ** (4.537)	－0.139 (－0.571)	0.003	－0.006
小市值组	－0.476 (－0.143)	1.833 ** (2.11)	0.04	0.031

由表 7－7 可知，在总样本期内小市值型股票收益率与投资者过度自信存在显著的正相关关系（斜率为 1.833），进一步验证了小市值型股票更易受投资者情绪影响的实证结论。

总体来说，投资者过度自信程度对股票收益率的影响不仅与公司的特征有关，也与整体情绪有关。当市场整体情绪高涨时，大、小市值组的股票收益率与投资者过度自信程度显著相关，而小市值组的相关性较强，表明投资者过度自信程度对股票收益率的影响也较深。当市场整体处于低迷状态时，大、小市值组的股票收益率与过度自信程度之间不存在显著的相关关系，说明当市场处于低迷状态时股票收益率主要受其他非情绪因素的影响。

第三节 结论及政策建议

大量实证研究表明，股票收益率受投资者情绪的影响，并且借助投资者情绪可以解释目前金融市场上存在的许多异象。为了进一步探寻国内投资者情绪与股票收益率之间的关系，本节以过度自信作为投资者情绪代表建立了基于国内有信息投资者过度自信的股票价格模型。模型分析表明：投资者的过度自信程度越严重，股票的价格就越高，收益率就越高，理论上论证了股票收益率与投资者的情绪有关。通过研究大、小市值组在不同样本期的回归结果表明：在2008年之前，过度自信程度与股票收益率之间的相关性较强，2008年之后，其相关性下降；而当整体市场处于低迷状态时，相关性几乎不存在。同时还发现，小市值型股票的过度自信与股票收益率之间的相关性要比大市值组更明显，进一步说明了投资者的过度自信程度对股票收益率的影响不仅与公司的特征有关，也与整体市场情绪有关。因此我们要适当地引导国内投资者，规范其非理性的投资行为。再者，市场上信息不对称导致投资者产生过度自信的行为，因此，要监管上市公司的信息披露，尤其是对规模较小的公司。

我们要客观和合理地看待国内的证券市场，国内证券市场依旧处于一个正在发展中的阶段，市场制度还不够完善，监管部门没有充分发挥其职能。基于目前的市场情况和投资者的不完全理性，我国应该采取积极的态度和措施去引导投资者进行理性、合理的交易，并且进一步完善我国的证券交易市场，更好地发挥证券市场的作用。根据本章的研究结果，笔者提出以下几点建议：

1. 强化上市公司的信息披露制度，完善市场的透明度，促进消息对等。由于我国证券市场的信息不对称性，部分上市公司的信息披露制度和方法还不够规范，存在大量的内幕交易和虚假信息，特别是一些小市值公司。因此，证券市场的监管者应该加强对上市公司的监管力度，提高信息的透明程度，减少私人内幕交易和虚假信息，同时严厉查处虚假信息的传播。

2. 增加对投资者教育和培训的投入，为投资者树立正确的投资理念提供条件，倡导树立正确的投资价值观，避免不完全理性的交易。政府应该加大对证券市场投资者的教育力度，为投资者创造更好的学习条件，倡导投资者理性交易、合理投资；还应该让投资者加强对非理性投资行为的认识，避免出现非理性的投资行为。

第八章　研究结论与展望

本章对本书所解决的问题以及解决的方法，进行归纳总结；对书中存在的问题和进一步的研究方向进行阐述。

第一节　主要研究结论

行为金融学是基于实验和心理研究的经济学，主要研究人们在投资决策过程中由认知、情感、态度等心理特征引起的市场非有效性，修正了理性人假设论点，指出了认知过程中的偏差和情绪、偏好等心理方面的原因会使投资者无法以理性人的方式做出无偏差估计，从而研究投资者的决策行为及其对资产定价的影响。

行为资产定价理论是行为金融学的核心。目前关于行为资产定价理论的研究角度多种多样。一个角度是从消费资本资产定价（CCAPM）模型出发，逐步引入各种行为因素，比如财富偏好、习惯形成、追赶时髦、损失厌恶、嫉妒等，以此实现更为精确的随机贴现因子（SDF）的刻画；另一个角度是典型的行为金融学理论的运用，他们直接从投资者的心理和行为出发，研究投资者的心理对资产价格的决定，进而影响金融市场的均衡。本书的研究则是从第二个角度出发建立基于投资者情绪的资产定价模型，并以中国的股票市场作为研究对象，从而对书中所提出的行为资产定价模型思想的可行性和有效性进行了实证研究，达到了理论和实证的统一。下面对主要研究结论进行总结。

1. DHS 模型通过考虑有信息投资者的过度自信建立了不同时期的资产均衡价格模型，本书在此基础上通过引入一个情绪影响因子，建立了基于投资者情绪的行为资产定价模型，并利用该模型对金融市场上所存在的一些异常现象从投资者情绪的角度给予一定的解释。

2．实证研究表明，投资者的行为及产生的投资结果都会进一步影响投资者的情绪。一个有信息投资者起初并不一定是情绪投资者，如果随后收到的公共信号恰好能证实他的投资是正确的（即在收到正向公共信号之前恰好买入，在收到负向信号之前恰好卖出），将会加重他的投资情绪。反之，则投资者情绪保持不变。基于以上考虑，本书扩展了具有固定情绪因子的资产定价模型，建立了与投资结果有关的情绪资产定价模型，解释了短期收益惯性、长期收益反转以及资产价格泡沫等现象。

3．国内研究者基于过度自信心理建立了认知风险度量模型和认知收益模型，并得到认知风险和认知收益呈负相关关系的结论而不是标准金融理论中风险和收益为正相关关系。本书则以情绪资产定价模型为基础继续讨论投资者的认知风险和认知收益，得到与过度自信心理相类似的结论。

4．由于各种情绪指标都不可以作为情绪的完美测度，每种代理变量都有一定的缺陷，本书用以下两种方法提取投资者情绪：一是以第一主成分方法从各情绪代理变量中提取共同因素——投资者情绪；二是通过与若干宏观经济变量的正交处理对各情绪代理变量“提纯”，以消除情绪代理变量与系统风险相关的可能性。

5．国内外研究者对中国市场上A，B股的价格差异问题提出了多种解释，但大多数的解释都是从投资者理性的角度给出的，为了检验A，B股的价格差异是否与投资者的非理性因素有关，本书给出了投资者情绪与溢价之间的实证检验。实证结果表明：A，B股的价格差异与投资者的情绪有关，并且整体的情绪波动对价格差异具有截面影响。具体来说，小市值型股票的价格差异更易受投资者情绪的影响，而大市值型股票的价格差异主要与其他非情绪因素有关。

6．以过度自信作为一种具体情绪的代表建立了基于过度自信心理的A股溢价理论模型，分析投资者的过度自信与溢价之间的理论关系。然后通过构造一个度量投资者过度自信程度的指标，实证检验国内有信息投资者的过度自信程度与A股溢价之间的理论关系。

第二节　研究展望

本书建立了投资者情绪、过度自信与股票价格之间的理论关系，通过理论分析表明了投资者非理性的行为对资产价格有一定的影响。但理论分析只是初步研究，还有许多问题值得进一步的研究。下面对本书所存在的不足进行说明，并阐述进一步研究的问题和方向。

1. 本书所建立的行为资产定价模型是以 DHS 模型为框架的，本模型假定股票的价格服从正态分布，而实际上经常认为股票的价格遵循对数正态分布，因此将来有必要把资产定价模型推广到比正态分布和独立同分布更加符合现实的一般情形上。

2. 对投资者情绪怎样形成和为什么形成的讨论很少，只是通过理论和实证表明它确实是对股价有影响的。对于目前我国投资者究竟存在哪些认知偏差、行为偏差和情绪偏差等都有待进一步研究。

3. 目前大部分学者是从投资者理性的角度对 A，B 股的价格差异给出相关的解释，而本书通过构造情绪指标论证了 A，B 的价格差异尤其是截面差异还受投资者情绪波动的影响，将来可以考虑把投资者理性和非理性统一到一个框架中以共同解释外资股与内资股的价格差异问题。

4. 今后可以利用本书所构造的总体情绪指数进一步研究投资者情绪对市场收益的影响，投资者情绪对市场波动的影响和超额收益的影响。不仅用投资者情绪部分解释 A，B 股的价格差异问题，还可以更加有效地论证投资者情绪是影响封闭式基金折价的重要因素等现象。

参考文献

Achelis, S. B. *Technical Analysis from A to Z*. New York, Mc Graw - Hill, 1995.

Allen, W. D., Evans, D. A. "Bidding and Overconfidence in Experimental Financial Market." *Journal of Behavioral Finance*, 2005, 6: 108 - 120.

Amihud, Y., Mendelson, H. "Asset Pricing and the Bid-ask Spread." *Journal of Financial Economics*, 1986, 17 (2): 223 - 249.

Amihud, Y. "Illiquidity and Stock Returns: Cross-section and Time-series effects." *Journal of Financial Markets*, 2002, 5 (1): 31 - 56.

Anderson, T. W. *An Introduction to Multivariate Statistical Analysis*. New York: John Wiley and Sons, 1984.

Arkes, H., Herren, L., Isen, A. "The Role of Potential Loss in the Influence of Affect on Risk Taking Behavior." Organizational Behavior and Human Decision Processes, 1988, 42 (2): 181 - 193.

Bae, K., Wang, W. "What's in a 'China' Name? A Test of Investor Sentiment Hypothesis." *Financial Management*, 2012, 41 (2): 429 - 455.

Bagozzi, R., Gopinath, M., Nyer, P. "The Role of Emotions in Marketing." *Journal of the Academy of Marketing Science*, 1999, 27 (2): 184 - 206.

Bailey, W., Chung, P., Kang, J. "Foreign Ownership Restrictions and Equity Price Premiums: What Drives the Demand for Cross-border Investments?" *Journal of Financial and Quantitative Analysis*, 1999, 34: 489 - 511.

Bailey, W., Jagtiani, J. "Foreign Ownership Restrictions and Stock Prices in the Thai Capital Market." *Journal of Financial Economics*, 1994, 36: 57 - 87.

Baker, M., Wurgler, J. "The Equity Share in New Issues and Aggregate Stock Returns." *Journal of Finance*, 2000, 55: 2219 - 2257.

Baker, M., Wurgler, J. "Investor Sentiment and the Cross-section of Stock Returns." *Journal of Finance*, 2006, 61 (4): 1645 - 1680.

Baker, M., Wurgler, J. "Investor Sentiment in the Stock Market." *Journal of Economic Perspectives*, 2007, 21 (2): 129 - 151.

Ball, R., Brown, P. "An Empirical Evaluation of Accounting Income Numbers." *Journal of Accounting Research*, 1968, 6 (2): 159 - 178.

Banz, R. "The Relation between Return and Market Value of Common Stocks." *Journal of Financial Economics*, 1981, 9 (1): 3 - 18.

Barberis, N., Shleife, A., Vishny, R. "A Model of Investor Sentiment." *Journal of Financial Economics*, 1998, 49 (3): 307 - 343.

Barberis, N., Huang, M., Santos, J. "Prospect Theory and Asset Prices." *Quarterly Journal of Economics*, 2001, 116 (1): 1 - 53.

Barberis, N., Huang, M. "Mental Accounting, Loss Aversion and Individual Stock Returns." *Journal of Finance*, 2001, 56: 1247 - 1292.

Barber, B., Odean, T. "Trading is Hazardous to Your Wealth: The Common Stock Investment Performance of Individual Investors." *Journal of Finance*, 2000, 55: 773 - 806.

Barber, B., Odean, T. "The Courage of Misguided Convictions." *Financial Analysts Journal*, 1999, 55 (6): 41 - 55.

Baker, M., Stein, J. "Market Liquidity as a Sentiment Indicator." *Journal of Financial Markets*, 2004, 7 (3): 271 - 299.

Baker, M., Wang, J., Wurgler, J. How Does Investor Sentiment Affect the Cross-section of Stock Returns? Working Paper, Harvard Business School, Boston, 2009.

Baker, M., Wurgler, J. "The Equity Share in New Issues and Aggregate Stock Returns." *Journal of Finance*, 2000, 55: 2219 - 1157.

Baker, M. , Wurgler, J. " A Catering Theory of Dividends. " *Journal of Finance*, 2004a, 59: 1125 - 1165.

Baker, M. , Wurgler, J. " Appearing and Disappearing Dividends: The Link to Catering Incentives. " *Journal of Financial Economics*, 2004b, 73: 271 - 288.

Baker, M. , Wurgler, J. " Investor Sentiment and the Cross-section of Stock Returns. " *Journal of Finance*, 2006, 61 (4): 1645 - 1680.

Baker, M. , Wurgler, J. " Investor Sentiment in the Stock Market. " *Journal of Economic Perspective*, 2007, 21 (2): 129 - 151.

Bauman, W. " Scientific Investment Analysis: Science or Fiction?" *Financial Analysts Journal*, 1967, 23 (1): 93 - 97.

Bell, D. E. " Risk Premiums for Decision Regret. " *Management Science*, 1983, 29 (10): 1156 - 1166.

Benos, E. , Jochec, M. *Patriotic Name Bias and Stock Returns*. Working paper, University of Illinois, Champaign, 2009.

Bernstein, R. , Pradhuman, S. " A Major Change in Our Work II: Sell Side Indicator Gives a Buy Signal. " *Merrill Lynch Quantitative Viewpoint*, 1994.

Bhaskaran, S. " Time-varying Expected Small Firm Returns and Closed-end Fund Discounts. " *Review of Financial Studies*, 1996, 9 (3): 845 - 887.

Black, F. " Noise. " *Journal of Finance*, 1986, 41 (3): 529 - 543.

Black, F. , Scholes, M. " The Pricing of Options and Corporate Liabilities. " *Journal of Political Economy*, 1973, 81 (3): 637 - 654.

Black, F. " Capital Market Equilibrium with Restricted Borrowing. " *Journal of Business*, 1972, 45 (3): 444 - 455.

Bless. " The Impact of Moods on the Use of General Knowledge Structures. " *European Reviews of Social Psychology*, 1996, 7: 63 - 93.

Bodurtha, J. N. , Kim, D. S. , Lee, C. " Closed-end Country Funds and U. S. Market Sentiment. " *Review of Financial Studies*, 1995, 8 (3): 879 - 918.

Bollerslev, T. " Generalized Autoregressive Conditional Heteroscedasticity. "

Journal of Econometrics, 1986, (31): 307 -327.

Bower, G. "Mood and Memory." *American Psychologist*, 1981, 36 (2): 129 -148.

Bower, G. "Mood Congruity of Social Judgment." Pergamon Press, 1991.

Bram, J., Ludvigson, S. "Does Consumer Confidence Forecast Household Expenditure? A Sentiment Index Horse Race." *Economic Policy Review*, 1998, 4: 59 -78.

Brauer, G. A. "Investor Sentiment and the Close-end Fund Puzzle: 7 Percent Solutions." *Journal of Financial Services Research*, 1993, 7 (3): 199 - 216.

Breeden, D. "An Intertemporal Asset Pricing Model with Stochastic Consumption and Investment Opportunities." *Journal of Financial Economics*, 1979, 7 (3): 265 -296.

Brown, G. W. "Volatility, Sentiment, and Noise Traders." *Financial Analyst Journal*, 1999, 55 (2): 82 -90.

Brown, G. W., Cliff, M. T. "Investor Sentiment and Asset Valuation." *Journal of Business*, 2005, 78 (2): 405 -440.

Brown, G. W., "Cliff, M. T. Investor Sentiment and the Near-term Stock Market." *Journal of Empirical Finance*, 2004, 11 (1): 1 -27.

Brown, G. W., Cliff, M. T. "Investor Sentiment and Asset Valuation." *Journal of Business*, 2005, 78 (2): 405 -440.

Brown, S. J., William, N. G., Takato, H. Noriyoshi, S. Masahiro, W. Investor Sentiment in Japanese and U. S. Daily Mutual Fund Flows. Working Paper, Yale University Zingale. 2003.

Burrell, O. K. "Possibility of an Experimental Approach to Investment Studies." *Journal of Finance*, 1951, 6 (2): 211 -219.

Carroll, J. S. "The Effect of Imagining an Event on Expectations for the E-vent: An Interpretation in Terms of the Availability Heuristic." *Journal of Experimental Social Psychology*, 1978, 14: 88 -96.

Chakravarty, S., Sarkar, A., Wu, L. "Information Asymmetry, Market Segmentation and the Pricing of Cross-listed Shares: Theory and Evidence from Chinese A and B Shares." *Journal of International Financial Markets, Institutions and Money*, 1998, (8): 325 - 355.

Charoenrook, A., Does Sentiment Matter? Working Paper, Vanderbilt University, 2005.

Chan, K., Menkveld, A. J., Yang, Z. S. "Information Asymmetry and Asset Price: Evidence from the China Foreign Share Discount." *Journal of Finance*, 2008, 63 (1): 159 - 196.

Chan, L., Jegadeesh, N., Lakonishok, J. "Momentum Strategies." *Journal of Finance*, 1996, 51: 1681 - 1713.

Chen, N. F., Kan, R., Miller, M. "Are the Discounts on Closed-End Funds are a Sentiment Index." *Journal of Finance*, 1993, 48 (2): 801 - 819.

Chen, G. M., Lee, B. S., Rui, O. "Foreign Ownership Restrictions and Market Segmentation in China's Stock Markets." *Journal of Financial Research*, 2001, 24 (1): 133 - 155.

Christoffersen, S., Sarkissian, S. *Location Overconfidence*. McGill University, working paper, 2002.

Chui, A. C. W., Kwok, C. C. Y. "Cross-autocorrelation between Ashares and B shares in the Chinese Stock Market." *Journal of Financial Research*, 1998, 21 (3): 333 - 353.

Clarke, R., Statman, M. "Bullish or Bearish?" *Financial Analysts Journal*, 1998, 54 (3): 63 - 72.

Cooper, M., Dimitrov, O. Rau, P. "A Rose. com by any Other Name." *Journal of Finance*, 2001, 56 (6): 2371 - 2388.

Cooper, M., Khorana, A., Osobov, I., Patel, A., Rau, P. "Managerial Actions in Response to a Market Downturn: Valuation Effects of Name Changes in the dot. com Decline." *Journal of Corporate Finance*, 2005, 11 (1 - 2): 319 - 335.

Cornelli, F., Goldreich, D., Ljungqvist, A. "Investor Sentiment and Pre - IPO Markets." *Journal of Finance*, 2005, 61 (3): 1187 - 1216.

Cox, J., Ingersoll, J., Ross, S. "An Intertemporal General Equilibrium

Model of Asset Prices." *Econometrica*, 1985a, 53 (2): 363 - 384.

Cox, J., Ingersoll, J., Ross, S. "A Theory of the Term Structure of Interest Rates." *Econometrica*, 1985b, 53 (2): 385 - 407.

Daniel, K., Hirshleifer, D., Subramanyam, A. "Overconfidence, Arbitrage, and Equilibrium Asset Pricing." *Journal of Finance*, 2001, 56 (3): 921 - 965.

Daniel, K., Hirshleifer, D., Subramanyam, A. "Investor Psychology and Security Market Under-and Overreactions." *Journal of Finance*, 1998, 53 (6): 1839 - 1886.

De Bondt, W., Thaler, R. "Does the Stock Market Overreact?" *Journal of Finance*, 1985, 40 (3): 793 - 808.

De Bondt, W. "Betting Ontrends: Intuitive Forecasts of Financial Risk and Return." *International Journal of Forecasting*, 1993, 9 (3): 335 - 371.

De Bondt, W., Thaler, R. H. "Further Evidence on Investor Overreaction and Stock Market Seasonality." *Journal of Finance*, 1987, 42: 557 - 581.

De Bondt, W., Thaler, R. H. "Financial Decision-making in Markets and Firms: A Behavioral Perspective." *Handbooks in Operations Research and Management Science*, 1995, 9: 385 - 410.

De Long, J. B., Shleifer, A., Summers, L. H., Waldman, R. J. "Positive Feedback Investment Strategies and Destabilizing Rational Speculation." *Journal of finance*, 1990b, 45: 379 - 395

De Long, J. B., Shleifer, A., Summers, L. H., Waldman, R. J. "Noise Trader Risk in Financial Markets." *Journal of Political Economy*, 1990a, 98 (4) : 703 - 738.

De Long, J. B., Shleifer, A., "Summers, L. H., Waldman, R. J. "The Survival of Noise Traders in Financial Markets." *Journal of Business*, 1991, 64: 1 - 19.

Derrien, F. "IPO Pricing in 'Hot' Market Conditions: Who Leaves Money on the Table?" *Journal of Finance*, 2005, 60 (1): 487 - 521.

Dichev, I. D., Janes, T. D. "Lunar Cycle Effects in Stock Returns."

Journal of Private Equity, 2003, 6: 8 – 29.

Domowitz, I., Glen, J., Madhavan, A. "International Cross-listing and Order Flow Migration: Evidence from an Emerging Market." *Journal of Finance*, 1998, 53 (6): 2001 – 2027.

Dyl, E. A. "Capital Gains Taxation and Year-end Stock Market Behavior." *Journal of Finance*, 1977, 32 (1): 165 – 175.

Edwards, W. *Conservatism in Human Information Processing*. Wiley, 1968.

Edmans, A., Garcia, D., Norli, O. "Sports Sentiments and Stock Returns." *Journal of Finance*, 2007, 62: 1967 – 1998.

Elton, E. J., Gruber, M. J., Busse, J. A. "Do Investors Care about Sentiment?" *Journal of Business*, 1998, 71 (4): 477 – 500.

Engle, R. F. "Autoregressive Conditional Heteroscedasticity with Estimates of the Variance of United Kingdom Inflation." *Econometrica*, 1982, 50: 987 – 1007.

Eun, C. S., Janakiramanan, S., Lee, B. S. The Chinese Discount Puzzle. Working Paper, Georgia Tech, University, 2001.

Fama, E. "Efficient Capital Markets: A Review of Theory and Empirical Work." *Journal of Finance*, 1970, 25 (2): 383 – 417.

Fama, E., French, K. "Common Risk Factors in the Returns on Bonds and Stocks." *Journal of Financial Economics*, 1993, 33 (1): 3 – 56.

Fama, E. "The Behavior of Stock Marker Prices." *Journal of Business*, 1965, 38 (1): 34 – 106.

Fama, E., Blume, M. "Filter Rules and Stock Market Trading Profits." *Journal of Business*, 1966, 39: 226 – 241.

Fama, E., French, K. "Multifactor Explanations of Asset Pricing Anomalies." *Journal of Finance*, 1996, 51 (1): 55 – 84.

Festinger, L. *A Theory of Cognitive Dissonance*. Stanford University Press, 1957.

Finter, P., Niessen-Ruenzi, A., Ruenzi, S. The Impact of Investor Sentiment on the German Stock Market. Working Paper, University of Mannheim, Mannheim, 2010.

Fisher, K., Statman, M. "Investor Sentiment and Stock Returns." *Fi-*

nancial Analysts Journal, 2000, 56 (2): 16 - 23.

Forgas, J. "Mood and Judgment: The Affect Infusion Model (AIM)." *Psychological Bulletin*, 1995, 117 (1): 39 - 66.

Fosback, Norman G. *Stock Market Logic: A Sophisticated Approach to Profits on Wall Street.* Chicago: Dearborn Financial Publishing, 1976.

Frascara, J. "Cognition, Emotion and Other Inescapable Dimensions of Human Experience." *Visible Language*, 1999, 33 (1), 74 - 87.

Frazzini, A. Lamont, O. "Dumb Money: Mutual Fund Flows and the Cross-section of Stock Returns." *Journal of Financial Economics*, 2008, 88 (2): 299 - 322.

Friedman, M. "The Case for Flexible Exchange Rates." *Essays in Positive Economics*, University of Chicago Press, 1953, 157 - 203.

Ganzach, Y. "Judging Risk and Return of Financial Assets." *Organizational Behavior and Human Decision Processes*, 2000, 83 (2): 353 - 370.

Gao, X., Yu, J., Yuan, Y. "Investor Sentiment and Idiosyncratic Risk Puzzle." Working Paper, University of Pennsylvania, Philadelphia, 2010.

Graham, J. R., Harvey, C. R. "The Theory and Practice of Corporate Finance: Evidence from the Field." *Journal of Financial Economics*, 2001, 60 (2): 187 - 243.

Griffin, D., Tversky, A. "The Weighting of Evidence and the Determinants of Confidence." *Cognitive Psychology*, 1992, 24 (3): 411 - 435.

Grossman, S., Stiglitz, J. "On the Impossibility of Informationally Efficient Markets." *American Economic Review*, 1980, 70 (3): 393 - 408.

Heath, C., Tversky, A. "Preference and Belief: Ambiguity and Competence in Choice under Uncertainty." *Journal of Risk and Uncertainty*, 1991, 4: 5 - 28.

Hietala, P. T. "Asset Pricing in Partial Segmented Markets: Evidence from the Finnish Market." *Journal of Finance*, 1989, 44 (3): 697 - 718.

Holmstrem, B., Tirole, J. "LAPM: A Liquidity-based Asset Pricing Model." *Journal of Finance*, 2001, 56 (5): 1837 - 1867.

Hong, H., Stein, J. "A Unified Theory of Under-reaction, Momentum Trading, and Overreaction in Asset Markets." *Journal of Finance*, 1999, 54 (6): 2143 - 2184.

Hong, H., Kacperczyk, M. "The Price of Sin: The Effects of Social Normson Markets." *Journal of Financial Economics*, 2009, 93 (1): 15 -36.

Hsee, C. "Less Is Better: When Low-value Options Are Judged more Highly than High-value Options." *Journal of Behavioral Decision Making*, 1998, 11 (2): 107 -121.

Isen, A., Shalker, T., Clark, M., Karp, L. "Affect, Accessibility of Material in Memory, and Behavior: A Cognitive Loop?" *Journal of Personality and Social Psychology*, 1978, 36 (1): 1 -12.

Janis, I. L., Mann, L. *Decision Making: A Psychological Analysis of Conflict, Choice, and Commitment.* New York: The Free Press, 1977.

Jegadeesh, N. "Evidence of Predictable Behavior of Security Returns." *Journal of Finance*, 1990, 45: 881 -898.

Jegadeesh, N., Titman, S. "Returns to Buying Winners and Selling Losers: Implications for Stock Market Efficiency." *Journal of Finance*, 1993, 48: 65 -91.

Jorion, P. "Risk: Measuring the Risk in Value at Risk." *Financial Analysis Journal*, 1996, 52: 47 -56.

Kahneman, D., Tversky, A. "Judgment under Uncertainty: Heuristics and Biases." *Science*, 1974, 185 (4157): 1124 -1131.

Kahneman, D., Tversky, A. "Prospect Theory: An Analysis of Decision under Risk." *Econometrica*, 1979, 47 (2): 263 -291.

Kahneman, D., Tversky, A. "The Psychology of Preferences." *Scientific American.* 1982, 246 (1): 160 - 174.

Kahneman, D., Knetsch, J. L., Thaler, R. "Experimental Tests of the Endowment Effect and Coase Theorem." *Journal of Political Economy.* 1990, 98 (6): 1352 -1376.

Kahneman, D., Miller, D. T. "Norm Theory: Comparing Reality to its

Alternatives." *Psychological Review*, 1986, 93 (2): 136 - 153.

Kahneman, D. "Maps of Bounded Rationality: Psychology for Behavioral Economics." *American Economic Review*, 2003, 93 (5): 1449 - 1475.

Kamstra, M. J., Kramer, L. A., Levi, M. D. "Losing Sleep at the Market: The Daylight Saving Anomaly." *American Economic Review*, 2000, 90 (4): 1000 - 1005.

Kamstra, M. J., Kramer, L. A., Levi, M. D. "Winter Blues: A SAD Stock Market Cycle." *American Economic Review*, 2003, 93 (1): 324 - 343.

Kaniel, R., Saar, G., Titman, S. "Individual Investor Trading and Stock Returns." *Journal of Finance*, 2008, 63 (1): 273 - 310.

Kaufmann, G., Vosburg, S. "Paradoxical Mood Effects on Creative Problem-solving." *Cognition and Emotion*, 1997, 11 (2): 151 - 170.

Kempf, A., Merkle, C., Niessen, A. "Lowrisk and High Return-affective Attitudes and Stock Market Expectations." *European Financial Management*, 2014, 20 (5): 995 - 1030.

Keynes, J. M. *The General Theory of Employment, Interest and Money.* Macmillan Cambridge University Press, 1936.

Kirchler, E., Maciejovsky, B. S. "Simultaneous over-and Under-confidence: Evidence from Experimental Asset Markets." *Journal of Risk and Uncertainty*, 2002, 25 (1): 65 - 85.

Kim, T., Ha, N. "Investor Sentiment and Market Anomalies." Working paper, Pusan National University, Pusan, 2010.

Kurov, A. "Investor Sentiment and the Stock Market's Reaction to Monetary Policy." *Journal of Banking and Finance*, 2010, 34 (1): 139 - 149.

Kumar, A., Lee, C. "Retail Investor Sentiment and Return Co-movements." *Journal of Finance*, 2006, 61 (5): 2451 - 2486.

Kyle, A. "Continuous Auctions and Insider Trading." *Econometrica*, 1985, 53 (6): 1315 - 1336.

Kyle, A., Wang, F. "Speculation Duopoly with Agreement to Disagree:

Can Overconfidence Survive the Market Test?" *Journal of Finance*, 1997, 52 (5): 2073 - 2090.

Lakonishok, J., Vermaelen, T. "Anomalous Price Behavior around Repurchase Tender Offers." *Journal of Finance*, 1990, 45 (2): 455 - 477.

Lakonishok, J., Vermaelen, T. "Market Underreaction Open Market Share Repurchases." *Journal FinancialEconomics*, 1995, 39: 181 - 208.

Lakonishok, J., Smidt, S. "Volume for Winners and Losers: Taxation and Other Motives for Stock Trading." *Journal of Finance*, 1986, 41 (4): 951 - 974.

Lee, C., Shleifer, A., Thaler, R. "Investor Sentiment and the Closed-end Fund Puzzle." *Journal of Finance*, 1991, 46 (1): 75 - 109.

Lee, W., Jiang, C., Indro, D. "Stock Market Volatility, Excess Returns, and the Role of Investor Sentiment." *Journal of Banking and Finance*, 2002, 26 (12): 2277 - 2299.

Lemmon, M., Portniaguina, E. "Consumer Confidence and Asset Prices: Some Empirical Evidence." *Review of Financial Studies*, 2006, 19 (4): 1499 - 1529.

Levy, H., Kroll, Y. "Stochastic Dominance: A Review and Some New Evidence." *Research in finance*, 1980, 2: 163 - 227.

Levy, H. "Stochastic Dominance and Expected Utility: Survey and Analysis." *Management Science*, 1992, 38: 555 - 593.

Liao, T., Huang, C., Wu, C. "Do Fund Managers Herd to Counter Investor Sentiment?" *Journal of Business Research*, 2011, 64 (2): 207 - 212.

Lichtenstein, S., Fischhoff, B. "Do Those Who Know more also Know more About How Much They Know?" *Organizational Behavior and Human Performance*, 1977, 3: 159 - 183.

Lintner, J. "The Valuation of Risk Assets and the Selection of Risky Investments in Stock Portfolios and Capital Budgets." *Review of Economics and Statistics*, 1965, 47 (1): 13 - 37.

Ljungqvist, A., Nanda, V., Singh, R. "Hot Markets, Investor Sentiment, and IPO Pricing." *Journal of Business*, 2006, 79 (4): 1667 - 1702.

Ljungqvist, A., Wilhelm, W. "Does Prospect Theory Explain IPO Market Behavior?" *Journal of Finance*, 2005, 60: 1759 - 1790.

Locke, P. R., Mann, S. C. "House Money and Overconfidence on the Trading floor." Working Paper, George Washington University, 2001.

Loewenstein, G., Weber, E., Hsee, C., Welch, N. "Risk as Feelings." *Psychological Bulletin*, 2001, 127 (2): 267 - 286.

Lowenstein, G. "Economic Theory and Economic Behavior." *American Economic Reviews*, 2000, 90 (2): 426 - 432.

Lowry, M. "Why Does IPO Volume Fluctuate so much?" *Journal of Financial Economics*, 2003, 67: 3 - 40.

Lucas, R., Stokey, N. "Money and Interest in a Cash-in-Advance Economy." *Econometrica*, 1987, 55 (3): 491 - 513.

Lux, T., "Herding Behavior, Bubbles and Crashes." *The Economic Journal*, 1995, 105 (143): 881 - 896.

Ma, X. G. "Capital Controls, Market Segmentation and Stock Prices: Evidence from the Chinese Stock Market." The Pacific - Basin Finance Journal, 1996, 4: 219 - 239.

Malkiel, B. G. *Efficient Market Hypothesis. New Palgrave Dictionary of Money and Finance*, London: Macmillan, 1992.

Malkiel, B. G. "The Efficient Market Hypothesis and Its Critics." *Journal of Economic Perspectives*, 2003, 17 (1): 59 - 82.

Markowitz, M. "Portfolio Selection." *Journal of Finance*, 1952, 7 (1): 77 - 91.

McLean, R., Zhao, M. The Business Cycle, Investor Sentiment, and Costly External Finance. Working Paper, University of Alberta, Edmonton, 2011.

Mehra, R., Sah, R. "Mood Fluctuations, Projection Bias, and Volatility of Equity Prices." *Journal of Economic Dynamics and Control*, 2002, 26 (5): 869 - 887.

Mei, J. P., Jose, A. S., Xiong, W. Speculative Trading and Stock

Prices: An analysis of Chinese A – B Share Premia. Working Paper, Bendheim Center for Finance, Princeton University, 2003.

Mendel, B., Shleifer, A. "Chasing Noise." *Journal of Financial Economics*, 2012, (104): 303 – 320.

Merton, R. "Optimum Consumption and Portfolio Rules in a Continuous-time Model." *Journal of Economic Theory*, 1971, 3 (4): 373 – 413.

Merton, R. "An Intertemporal Capital Asset Pricing Model." *Econometrica*, 1973, 41 (5): 867 – 887.

Mossin, J. "Equilibrium in a Capital Asset Market." *Econometrica*, 1966, 34 (4): 768 – 783.

Neal, R., Wheatley, S. M. "Do Measures of Investor Sentiment Predict Returns?" *Journal of Financial and Quantitative Analysis*, 1998, 33 (4): 523 – 547.

Nisbett, R. E., Ross, L. "Human Inference: Strategies and Shortcomings of Social Judgement." Englewood Cliffs, Prentice-Hall, London, 1980.

Odean, T. "Volume, Volatility, Price, and Profit When All Traders Are above Average." *Journal of Finance*, 1998, 53 (6): 1887 – 1934.

Odean, T. "Do Investors Trade too much?" *American Economic Review*, 89 (5): 1279 – 1298.

Peng, L., Wei, X. "Limited Attention and Asset Prices." Working paper, Princeton University, 2004.

Peng, L., Wei, X. "Investor Attention, Overconfidence and Category Learning." *Journal of Financial Economics*, 2006, 80: 563 – 602.

Poon, W. P. H., Firth, M., Fung, H. G. "Asset Pricing in Segmented Capital Markets: Preliminary Evidence from China-domiciled Companies." *Pacific Basin Finance Journal*, 1998, 6: 307 – 319.

Qiu, L., Welch, I. "Investor Sentiment Measures." Workingpaper, Brown University, 2006.

Ross, S. "The Arbitrage Theory of Capital Asset Pricing." *Journal of Economic Theory*, 1976, 13 (3): 341 – 360.

Rozeff, M. S., Kinney, W. R. "Capital Market Seasonality: The Case of

Stock Returns." *Journal of Financial Economics*, 1976, 3: 379 - 402.

Sander, D. R., Irwin, S. H., Leuthold, R. M. "Noise Traders, Market Sentiment, and Futures Price Behavior." Working paper, University of illinoist at Urbana-champaign.

Schwarz, N., Bless, H. "Happy and Mindless, but Sad and Smart? The Impact of Affective States on Analytic Reasoning." *Emotion and Social Judgments*, Pergamon, 1991: 55 - 71.

Sharpe, W. "Capital Asset Prices: A Theory of Market Equilibrium under Conditions of Risk." *Journal of Finance*, 1964, 19 (3): 425 - 442.

Shefrin, H., Thaler, R. "The Behavioral Life-cycle Hypothesis." *Economic Inquiry*, 1988, 26 (4): 609 - 643.

Shefrin, H., Statman, M. "The Disposition to Sell Winners too early and Ride Losers too long." *Journal of Finance*, 1985, 40 (3): 777 - 790.

Shefrin, H., Statman, M. "Behavioral Capital Asset Pricing Theory." *Journal of Financial and Quantitative Analysis*, 1994, 29 (3): 323 - 349.

Shefrin, H., Statman, M. "Behavioral Portfolio Theory." *Journal of Financial and Quantitative Analysis*, 2000, 35 (2): 127 - 151.

Shefrin, H. "Do Investors Expect Higher Returns from Safer Stocks than from Riskier Stocks." *Journal of Psychology and Financial Markets*, 2001, 2 (4): 176 - 181.

Shiller, R. J. "Do Stock Prices Move too much to Be Justified by Subsequent Changes in Dividends?" *American Economic Review*, 1981, 71 (3): 421 - 436.

Shiller, R. J. "Stock Prices and Social Dynamics." Brookings Papers on Economic Activity, 1984, 2: 457 - 498.

Shiller, R. J. "Measuring Bubble Expectations, Investor Confidence." *Journal of Psychology and Financial Markets*, 2000, 1 (1): 49 - 60.

Shleifer, A., Vishny, R. "The Limits of Arbitrage." *Journal of Finance*, 1997, 52 (1): 35 - 55.

Shleifer, A. *Inefficient Markets: An Introduction to Behavioral Finance*. Oxford University Press, Oxford, 2000.

Slovic, P. "Psychological Study of Human Judgment: Implications for Investment Decision Making." *Journal of Finance*, 1972, 27 (4): 779 - 799.

Solnik, B. H. "Note on the Validity of the Random Walk for European Stock Prices." *Journal of Finance*, 1973, 28 (5): 1151 - 1159.

Solt, M., Statman, M. "How Useful is the Sentiment Index?" *Financial Analysts Journal*, 1988, 44 (5): 45 - 55.

Stambaugh, R., Yu, J., Yuan, Y. "The Short of It: Investor Sentiment and Anomalies." Working Paper, University of Pennsylvania, Philadelphia, 2010.

Statman, M., Glushkov, D. "The Wages of Social Responsibility." *Financial Analysts Journal*, 2009, 65 (4): 33 - 46.

Statman, M., Fisher, K., Anginer, D. "Affect in a Behavioral Asset-pricing Model." *Financial Analysts Journal*, 2008, 64 (2): 20 - 29.

Stulz, R. M., Wasserfallen, W. "Foreign Equity Investment Restrictions, Capital Flight, and Shareholder, Wealth Maximization: Theory and Evidence." *Review of Financial Studies*, 8: 1019 - 1057.

Stulz, R. "On the Effects of Barriers to International Investment." *Journal of Finance*, 1981, 36 (4): 923 - 934.

Summers, L. H. "Does the Stock Market Rationally Reflect Fundamental Values?" *Journal of Finance*, 1986, 41: 591 - 601.

Svenson, O. "Are we All less Risky and more Skillful than Our Fellow Drivers?" *Acta Psychologica*, 1981, 47 (2): 143 - 148.

Swaminathan, B. "Time-varying Expected Small Firm Returns and Closed-end Fund Discounts." *Review of Financial Studies*, 1996, 9: 845 - 887.

Tetlock, P. C. "Giving Content to Investor Sentiment: The Role of Media in the Stock Market." *Journal of Finance*, 2007, 62: 1139 - 1168.

Thaler, R. "Toward to Positive Theory of Consumer Choice." *Journal of Economic Behavior and Organization*, 1980, 1 (1): 39 - 60.

Thaler, R. "Mental Accounting and Consumer Choice." *Marketing Science*, 1985, 4 (3): 199 - 214.

Thaler, R., Johnson, E. "Gambling with the House Money and Trying to Break even: The Effects of Prior Outcomes on Risky Choice." *Management science*, 1990, 36: 643 - 660.

Thaler, R. "Mental Accounting Matters." *Journal of Behavioral Decision Making*, 1999, 12: 183 - 206.

Thomson, M. E., Atayb, D. O., Pollock, A. C., Macaulay, A. "The Influence of Trend Strength on Directional Probabilistic Currency Predictions." *Psychological Review*, 2003, 19: 241 - 256.

Tversky, A., Kahneman, D. "Availability: A Heuristic for Judging Frequency and Probability." *Cognitive Psychology*, 1973, 5 (2): 207 - 232.

Wang, J. "A Model of Competitive Stock Trading Volume." *Journal of Political Economy*, 1994, 102 (1): 127 - 68.

Wang, Y., Keswani, A., Taylor, S. "The Relationships between Sentiment, Returns and Volatility." *International Journal of Forecasting*, 2006, 22: 109 - 123.

Weiss, K. "The Post-offering Price Performance of Closed-end Funds." *Financial Management*, 1989, 18: 57 - 67.

Welch, I. "Views of Financial Economists on the Equity Premium and on Professional Controversies." *Journal of Business*, 2000, 73 (4): 501 - 537.

Wolosin, R. J., Sherman, S. J., Till, A. "Effects of Cooperation and Competition on Responsibility Attribution after Success and Failure." *Journal of Experimental Social Psychology*, 1973, 9: 220 - 235.

Wright, W., Bower, G. "Mood Effects on Subjective Probability Assessment." *Organizational Behavior and Human Decision Processes*, 1992, 52 (2): 276 - 291.

Yu, J., Yuan, Y. "Investor Sentiment and the Mean-variance Relation." *Journal of Financial Economics*, 2011, 100 (2): 367 - 381.

Yuan, K., Zheng, L., Zhu, Q. "Are Investors Moonstruck? Lunar Phases and Stock Returns." *Journal of Empirical Finance*, 2006, 13 (1): 1 - 23.

[美] 阿基里斯：《技术分析 A - Z》，应展宇、桂荷发译，中国财政

经济出版社 2004 年版。

贝政新、戚娟娟：《我国封闭式基金折价问题研究》，《首届“行为金融学与资本市场”学术研讨会论文集》，2003 年。

陈日清：《投资者过度自信行为与中国 A 股波动性》，《投资研究》2014 年第 2 期。

陈军、陆江川：《基于 DSSW 模型投资者情绪与股价指数关系研究》，《预测》2010 年第 4 期。

程昆、刘仁和：《投资者情绪与股市的互动研究》，《上海经济研究》2005 年第 11 期。

董孝伍、张信东、刘维奇：《投资者情绪与股票市场收益的互动关系——基于分位数回归的研究》，《经济管理》2013 年第 6 期。

郭璐、韩立岩、李东辉：《交叉上市的信息传递及整合性：股改前后的变化——来自沪市 AB 股的证据》，《管理世界》2009 年第 1 期。

韩立岩、伍燕然：《投资者情绪与 IPOs 之谜——抑价还是溢价?》，《管理世界》2007 年第 3 期。

韩泽县：《投资者情绪与中国证券市场的实证研究》，学位论文，天津大学，2005 年。

韩泽县：《中国证券市场指数收益日照效应实证研究》，《哈尔滨工业大学学报》2006 年第 2 期。

花贵如、刘志远、许骞：《投资者情绪、企业投资行为与资源配置效率》，《会计研究》2010 年第 10 期。

花贵如、刘志远、许骞：《投资者情绪、管理者乐观主义与企业投资行为》，《金融研究》2011 年第 9 期。

黄宏斌、刘志远：《投资者情绪与贷款规模对信贷配置效率的影响》，《系统工程》2013 年（a）第 4 期。

黄宏斌、刘志远：《投资者情绪与企业信贷资源获取》，《投资研究》2013 年（b）第 2 期。

黄莲琴、杨露露：《投资者情绪、管理者过度自信与资本投资》，《东南学术》2011 年第 5 期。

黄德龙、文凤华、杨晓光：《投资者情绪指数及中国股市的实证》，《系统科学与数学》2009 年第 1 期。

黄少安、刘达：《投资者情绪理论与中国封闭式基金折价》，《南开经济研究》2005 年第 4 期。

姜伟、杨春鹏、张旭：《基于投资心理的证券投资认知风险度量》，《青岛大学学报》2008 年第 2 期。

姜伟、杨春鹏、刘喜华：《过度自信与风险溢价研究》，《运筹与管理》2007 年第 5 期。

蒋玉梅、王明照：《投资者情绪、盈余公告与市场反应》，《管理科学》2010 年第 3 期。

李平、曾勇：《过度自信对金融资产短期价格行为的影响分析》，《系统工程理论与实践》2004 年第 12 期。

廖理、贺裴菲、张伟强、沈红波：《中国个人投资者的过度自信和过度交易的研究》，《投资研究》2013 年第 8 期。

林翔：《对中国证券咨询机构预测分析》，《经济研究》2002 年第 2 期。

刘丽文、王镇：《投资者情绪对不同类型股票收益影响的实证研究》，《金融理论与实践》2016 年第 2 期。

刘志远、靳光辉：《投资者情绪与公司投资效率——基于股东持股比例及两权分离调节作用的实证研究》，《管理评论》2013 年第 5 期。

刘志远、靳光辉、黄宏斌：《投资者情绪与控股股东迎合——基于公司投资决策的实证研究》，《系统工程》2012 年第 10 期。

刘志远、靳光辉、王勇：《截面特征差异、投资者情绪与企业投资》，《经济与管理研究》2012 年第 5 期。

刘力、李广子、周铭山：《股东利益冲突、投资者情绪与新股增发折价》，《财经问题研究》2010 年第 5 期。

卢闯、李志华：《投资者情绪对定向增发折价的影响研究》，《中国软科学》2011 年第 7 期。

陆江川、陈军：《投资者情绪对股票横截面收益的非对称影响研究》，《预测》2012 年第 5 期。

罗琦、张标：《股权特性、投资者情绪与企业非效率投资》，《财贸研究》2013 年第 4 期。

鲁训发、黎建强：《中国股市指数与投资者情绪指数的相互关系》，

《系统工程理论与实践》2012 年第 3 期。
马晓逵、孙杰：《中国股票市场投资者情绪综合指数的构建》，《北京工商大学学报》（社会科学版）2012 年第 6 期。
马晓逵、杨德勇、李亚萍：《投资者情绪视角下上市公司定向增发的宣告反应》，《中国经济问题》2012 年第 2 期。
饶育蕾、刘达锋：《行为金融学》，上海财经大学出版社 2003 年版。
史永东、王镇：《投资者情绪影响“风险—收益”关系吗？——来自我国 A 股市场的检验》，《数学的实践与认识》2015 年第 22 期。
宋军、吴冲锋：《基于分散度的金融市场羊群行为研究》，《经济研究》2001 年第 11 期。
宋泽芳、李元：《投资者情绪与股票特征关系》，《系统工程理论与实践》2012 年第 1 期。
谭松涛、王亚平：《股民过度交易了么？——基于中国某证券营业厅数据的研究》，《经济研究》2006 年第 10 期。
谭跃、夏芳：《股价与中国上市公司投资——盈余管理与投资者情绪的交叉研究》，《会计研究》2011 年第 8 期。
童盼、王旭芳：《公开增发市场反应与市场环境——基于投资者情绪的研究》，《中国会计评论》2010 年第 1 期。
唐爱国：《广义随机占优单调一致风险测量和 ES》，《金融研究》2003 年第 4 期。
王宜峰、王燕鸣：《投资者情绪在资产定价中的作用研究》，《管理评论》2014 年第 6 期。
王春：《投资者情绪对股票市场收益和波动的影响——基于开放式股票型基金资金净流入的实证研究》，《中国管理科学》2014 年第 9 期。
王春峰、张亚楠、房振明：《基于过度自信的交易量驱动因素建模研究》，《中国管理科学》2010 年第 4 期。
王美今、孙建军：《中国股市收益、收益波动与投资者情绪》，《经济研究》2001 年第 10 期。
王朝晖、李心丹：《我国投资者情绪波动性与股市收益》，《宁波大学学报》（人文科学版）2008 年第 6 期。

吴文锋等:《B股市场向境内居民开放对A、B股市场分割的影响》,《经济研究》2002年第12期。

吴战篪、李晓龙:《公司治理、投资者情绪与过度证券投资》,《财经科学》2011年第12期。

伍燕然、韩立岩:《不完全理性、投资者情绪与封闭式基金之谜》,《经济研究》2007年第3期。

伍燕然、韩立岩:《投资者情绪理论对金融异象的解释》,《山西财经大学学报》2009年第2期。

徐枫、胡鞍钢:《异质信念,投资者情绪与企业增发偏好》,《经济科学》2012年第5期。

徐斌、俞静:《究竟是大股东利益输送抑或投资者乐观情绪推高了定向增发折扣》,《财贸经济》2010年第4期。

徐浩萍、杨国超:《股票市场投资者情绪的跨市场效应——对债券融资成本影响的研究》,《财经研究》2013年第2期。

许承明、陈百助:《封闭式基金折价与投资者情绪的影响》,《首届"行为金融学与资本市场"学术研讨会论文集》,2004年。

薛斐:《基于情绪的投资者行为研究》,学位论文,复旦大学,2005年。

王宜峰、王燕鸣:《投资者情绪在资产定价中的作用研究》,《管理评论》2014年第6期。

严武等:《产权保护和市场信息不对称:来自中国A-B的证据》,《经济研究》2012年第11期。

闫伟、杨春鹏:《金融市场中投资者情绪研究进展》,《华南理工大学学报》(社会科学版)2011年第3期。

杨春鹏、吴冲锋、陈敏:《行为金融:认知风险与认知期望收益》,《中国管理科学》2005年第3期。

杨春鹏、杨德平:《证券投资的非理性认知风险与市场认知风险》,《青岛大学学报》2006年第3期。

杨春鹏:《基于行为金融的证券投资认知风险度量研究》,《数量经济技术经济研究》2004年第5期。

杨春鹏、吴冲锋、陈敏:《行为金融:认知风险与认知期望收益》,《中国管理科学》2005年第3期。

杨春鹏:《非理性金融》,科学出版社 2008 年版。

杨阳、万迪昉:《不同市态下投资者情绪与股市收益、收益波动的异化现象——基于上证股市的实证分析》,《系统工程》2010 年第 1 期。

于全辉、孟卫东:《牛熊市投资者情绪与上证综指的协整关系研究》,《预测》2010 年第 5 期。

邹功达、陈浪南:《中国 A 股与 B 股的市场分割性检验》,《经济研究》2002 年第 4 期。

赵留彦、王一鸣:《A、B 股之间的信息流动与波动溢出》,《金融研究》2003 年第 10 期。

詹姆斯·蒙蒂尔:《行为金融》,赵英军译,中国人民大学出版社 2007 年版。

张俊喜、张华:《解释我国封闭式基金折价之谜》,《金融研究》2002 年第 12 期。

张强、杨淑娥、杨红:《中国股市投资者情绪与股票收益的实证研究》,《系统工程》2007 年第 7 期。

张强、杨淑娥:《中国股市横截面收益特征与投资者情绪的实证研究》,《系统工程》2008 年第 7 期。

张强、杨淑娥:《噪音交易、投资者情绪波动与股票收益》,《系统工程理论与实践》2009 年第 3 期。

张壬癸:《基于情绪的消费资本资产定价模型》,学位论文,华南理工大学,2013 年。

朱伟骅、张宗新:《投资者情绪、市场波动与股市泡沫》,《经济理论与经济管理》2008 年第 2 期。